Gert Hirner / Jakob Murböck

W0190008

Wanderungen
in Westkreta

50 ausgewählte Tageswanderungen
an den Küsten und in den Bergen Westkretas

Mit 65 Farbfotos,
50 Wanderkärtchen im Maßstab 1: 50 000 / 1: 100 000
sowie vier Freytag & Berndt-Übersichtskärtchen im Maßstab 1: 650 000

BERGVERLAG RUDOLF ROTHER GMBH • MÜNCHEN

Umschlagbild:
Landschaft bei Georgioúpolis mit Kástro-Gipfel (Weiße Berge).

Bild gegenüber dem Titel (Seite 2):
Das versteckt in einer Schlucht gebaute Kloster Katholikó.

Sämtliche Fotos von den Autoren

Kartographie:
Wanderkärtchen im Maßstab 1: 50 000 / 1: 100 000
gezeichnet von Ernst Höhne
Übersichtskärtchen im Maßstab 1: 650 000 / 1: 2 000 000
© Freytag & Berndt, Wien

1. Auflage 1994

© Bergverlag Rudolf Rother GmbH, München

ISBN 3-7633-4034-3

Gesamtherstellung Rother Druck GmbH, München (2375 / 31047)

ROTHER WANDERFÜHRER – lieferbare Titel

Achensee • Allgäu 1, 2 • Aostatal • Appenzell • Außerfern • Bayerischer Wald •
Berchtesgaden • Berner Oberland West • Bodensee • Bregenzerwald • Chiemgau •
Comer See • Dachstein • Dolomiten • Dolomiten 1, 3, 4, 5 • Eifel • Elbsandstein •
Ober-, Unterengadin • Gardaseeberge • Gastein • Harz • Hochschwab • Innsbruck •
Kaiser • Kärnten • Karwendel • Korsika • Kreta West • Meran • Montafon • Mont Blanc •
Osttirol • Ötztal • La Palma • Pinzgau • Pitztal • Rhön • Riesengebirge • Salzkammergut
• Sardinien • Sauerland • Schwarzwald Nord, Süd • Seefeld • Stubai • Tannheimer Tal •
Hohe Tatra • Tauern-Höhenweg • Tegernsee • Teneriffa • Tessin • Teutoburger
Wald • Thüringer Wald • Vierwaldstätter See • Vinschgau • Vogesen • Vorarlberg •
Wallis • Walsertal • Wien • Wiener Hausberge • Wildschönau • Zillertal • Zugspitze

Liebe Bergfreunde! Der Bergverlag Rother freut sich über jede Anregung
und Berichtigung zu diesem Rother Wanderführer.

BERGVERLAG ROTHER
D-80637 München • Landshuter Allee 49 • Tel. (089) 122130-10

Vorwort

Kreta – auf dieser Mittelmeerinsel nahm unsere abendländische Kulturge-schichte ihren Anfang, als der in einen Stier verwandelte Zeus die schöne Europa hierher brachte. In den letzten 5000 Jahren haben sich auf Kreta die Kulturen des östlichen Mittelmeerraumes und der angrenzenden Länder vermischt, und noch heute empfindet der Besucher, daß aus jedem Quadrat-meter dieser Erde jahrtausendealte Geschichte atmet.

Kreta ist eine Insel für alle Jahreszeiten. Immer mehr Besucher entdecken die Nebensaison-Monate, um bei gemäßigten Temperaturen die Insel, die Landschaften und die Menschen kennenzulernen und sich dabei zu erholen. Ganz besonders gilt dies für das Frühjahr: Wenn in Mitteleuropa noch Schnee- und Regenschauer über das vom Winter gezeichnete Land fegen, hat der Frühling bereits einen bunten Blütenteppich über die Insel gestreut. Eine ideale Zeit, um Rucksack und Wanderstiefel zu packen und der Sonne entgegenzufliegen. Auf den höheren Bergen liegt zwar noch Schnee, doch in den Tälern prangen die Orangen an den Bäumen, Margeriten und Mohnblu-men färben die Felder und seltene Orchideenarten zeigen sich dem Wande-rer. Über allem liegt das Geläute der Schafsglocken.

Es ist die Vielseitigkeit der Landschaft, geprägt durch den Gegensatz von Gebirge und Meer, die den Besucher fasziniert – einsame Bergregionen wechseln mit Hochebenen, tief eingeschnittenen Schluchten, Steilküsten, Buchten und Stränden. Wandern ist dabei oft die einzige, in jedem Fall aber die intensivste Art, Land und Leute kennenzulernen, und kann sich zu einem Gegengewicht zum Massentourismus entwickeln.

Die landschaftliche Vielfalt und die über die ganze Insel reichlich verbreiteten Wandermöglichkeiten machen es nötig, Kreta zu untergliedern. Die Wande-rungen sind so ausgewählt, daß verschiedene Interessen berücksichtigt worden sind. Es werden also gleichermaßen Wanderungen vorgestellt, die entlang der sonnigen Küste verlaufen, hinaus auf meerumspülte Halbinseln, wie auch Wanderungen zu schöngelegenen antiken Städten oder zu verlas-senen Klöstern. Andere Wege führen durchs gebirgige Innere der Insel, durch tiefe Schluchten und auf die hohen Berge. Die 50 Tourenvorschläge sind über die schönsten Regionen Westkretas verteilt, viele davon können problemlos von Familien mit Kindern bewältigt werden.

Alle Wanderungen wurden im vergangenen Jahr begangen. Durch Einzäu-nungen, den Bau von Straßen oder die Anlage von Feldern können sich jedoch ständig Veränderungen ergeben. Die Verfasser bitten deshalb alle Freunde Kretas, dem Verlag entsprechende Korrekturhinweise zukommen zulassen. Wir wünschen allen Benützern dieses Führer erlebnisreiche und wohltuende Urlaubstage in der wunderbaren Natur Kretas.

München, im Frühjahr 1994   Gert Hirner und Jakob Murböck

Inhaltsverzeichnis

Touristische Hinweise

Zum Gebrauch des Führers
Für jede beschriebene Wanderung sind in einer Kurzübersicht zu Beginn die wichtigsten Informationen zusammengestellt. Alle Wanderkärtchen basieren auf den Harms-ic-Karten, Maßstab 1 : 80 000, ergänzt durch notwendige Details. Im Stichwortverzeichnis am Schluß sind alle behandelten Berge, Ausgangspunkte, Orte und Etappenziele angeführt. Auf der Umschlagrückseite informiert eine Übersichtskarte über die Lage der Wanderziele.

Anforderungen
Die Wanderungen verlaufen etwa zu einem Viertel auf Straßen und Schotterstraßen sowie zu einem Viertel im weglosen Gelände – die andere Hälfte auf Fußwegen und Pfaden. Es wird im Text angegeben, wenn Orientierungsprobleme auftauchen; das Gelände ist jedoch meist übersichtlich, und es gibt kaum Gefahrenpunkte, etwa mit Absturzmöglichkeit. Der Wanderer sollte aber die besonderen Wegverhältnisse wie scharfkantige Felsformationen und Geröll, extrem stachelige Bodenvegetation und längere Sand- und Kiesstrecken an der Küste entlang nicht unterschätzen, da sie höhere Anforderungen an die Kondition und an die Stabilität der Schuhe stellen. Nach längeren Regenfällen sind manche Wanderungen ganz oder teilweise nicht begehbar; dies wird in der Beschreibung angegeben. Wenig begangene Wege können im Frühjahr fast völlig zugewachsen sein, was die Orientierung und das Weiterkommen erheblich erschwert. Um die jeweiligen Anforderungen besser einschätzen zu können, wurden die Nummern der Tourenvorschläge farbig markiert. Diese Farben erklären sich wie folgt:

BLAU
Diese Wege sind überwiegend gut markiert und nur mäßig steil, daher auch bei Schlechtwetter relativ gefahrlos zu begehen. Es bestehen in der Regel keine Orientierungsprobleme. So können sie auch von Kindern und älteren Leuten ohne große Gefahr begangen werden.

ROT
Diese Wege und Steige sind in der Regel ausreichend markiert oder gut ersichtlich, häufig aber schmal und können über kurze Abschnitte bereits etwas ausgesetzt sein. Deshalb sollten sie nur von trittsicheren, ausdauernden Bergwanderern begangen werden.

SCHWARZ
Diese Wege und Steige sind oft nicht ausreichend markiert und überwiegend schmal und steil angelegt – teilweise verlaufen sie in weglosem Gelände, so daß ein guter Orientierungssinn notwendig ist. Stellenweise können sie sehr

An Felsentürmen vorbei auf dem Weg zum Gíngilos.

ausgesetzt sein, nur selten aber wird die Zuhilfenahme der Hände notwendig.
Das bedeutet, daß diese Wege nur von trittsicheren, schwindelfreien, kon-
ditionsstarken und alpin erfahrenen Wanderern angegangen werden sollten.

Gefahren

Besondere Ausgesetztheit bzw. Kletterstellen werden im Text angegeben. In Bergregionen über 2000 m muß oft bis ins späte Frühjahr (Anfang Juni) mit ausgedehnten Altschneefeldern gerechnet werden. Hier besteht die Gefahr des Einbrechens, da die Schneefelder häufig die für diese Höhe typischen Geländeformationen wie Erosionslöcher und Dolinen, aber auch Bäche abdecken können. Während des ganzen Jahres kann es – selbst bei Schönwetterlage – zu starkem Südwind kommen, der in ungünstigen Lagen durchaus einen erwachsenen Menschen umwerfen kann. Manche Gipfelbesteigungen sind dann nicht möglich. Vor allem im Nordwesten Kretas kommt es oft bis in den Mai und ab Oktober zu schweren Gewittern, die im Gebirge eine besondere und zudem kaum vorhersehbare Gefahr darstellen.

In der Nähe von Dörfern, Einzelgehöften und Stallungen sind oft Hunde anzutreffen, die manchmal auch frei umherlaufen und Fremde wütend ankläffen. Sich bücken, um dem Anschein nach Steine aufzuheben, reicht oft aus, die Hunde in die Flucht zu schlagen – Steinwürfe fürchten sie sehr.

Beste Jahreszeit

Die besten Bedingungen für Wanderungen findet man im Frühjahr und im Herbst vor – in den Monaten April, Mai und September, Oktober. Der Sommer ist meist sehr heiß, bietet aber gute Voraussetzungen für Wanderungen in schattigen Tälern und in höhergelegenen Bergregionen. Der »Winter« kann oft die beste Wanderzeit sein, da es auf Kreta keine typische Regenzeit gibt – das Thermometer klettert schnell mal auf Temperaturen um die 20 Grad, sobald die Sonne zum Vorschein kommt. Allerdings muß man auch mit mehrtägigem Dauerregen rechnen, auch mit Gewittern und mit Schneefall ab 1000 m. Prinzipiell gilt: Regenhäufigkeit und Kälte nehmen von Nordwest nach Südost ab, an der Südküste und im Osten der Insel gibt es Regionen, wo das ganze Jahr über kaum ein Tropfen fällt.

Ausrüstung

Festes Schuhwerk mit griffiger Sohle und dichtem Gewebe (wegen der vielen Stacheln), strapazierfähige Hose, Regen- und Windschutz, Tourenproviant, ausreichend Flüssigkeit sowie Sonnenschutz sind Voraussetzung. Für die Besichtigung von Klöstern wird häufig auf lange Röcke und bedeckte Schultern bei Frauen sowie auf lange Hosen bei Männern hingewiesen.

Karten

Es gibt derzeit keine topographischen Karten im Maßstab 1 : 50 000, wie sie in Mitteleuropa üblich sind. Die zugrunde gelegten Harms-ic-Karten sind im Maßstab 1 : 80 000 gezeichnet und enthalten keine Geländeformen; auch die Höhenlinien, die Straßenführung und die Lage der Dörfer sind häufig ungenau oder gar falsch und nicht auf dem neuesten Stand.

Gehzeiten

Die Zeitangaben beziehen sich auf die reine Gehzeit, ohne Rast- und Fotopausen. Zur besseren Orientierung werden Etappenzeiten und Gesamtgehzeiten, der Höhenunterschied, manchmal auch die Entfernungen angegeben.

Einkehr und Unterkunft

Auf Kreta gibt es in fast allen Ortschaften Kafenia und Tavernen, nur in größeren und touristischen Orten Restaurants. Essen und Getränke sind in den Dörfern noch sehr preiswert, so daß sich die Mitnahme von Lebensmitteln bei Wanderungen kaum lohnt. Das Übernachten im Freien ist in Kreta wegen des milden Klimas gut möglich und wird bis auf wenige Ausnahmen toleriert; jedoch sollte man in der Nähe von Dörfern und Tavernen die meist sehr günstigen Zimmerangebote nutzen und an die teilweise schwierige wirtschaftliche Situation der einheimischen Bevölkerung denken.

Anfahrt

Es besteht ein gut ausgebautes öffentliches Busnetz. Viele Ausgangspunkte können so – zumindest während der Saison – hervorragend erreicht werden. Bei Nebenlinien, am Saisonanfang und -ende und während der griechischen Sommerferien (Juli/August) sollte man sich allerdings nochmals erkundigen. Abseits der Hauptverkehrsstraßen wird man von den Einheimischen auch mit dem Auto mitgenommen, oder es lassen sich Privatfahrten organisieren.

Natur- und Umweltschutz

Kreta besitzt – wenigstens auf den ersten Blick – eine noch weitgehend unberührte Naturlandschaft. Durch den zunehmenden Tourismus und die damit verbundene Erschließung hat sich in den letzten Jahren aber vieles verändert. Die Behörden greifen kaum ein, wenn es um nachhaltige Zerstörung der Landschaft, etwa durch Straßenbau, Neubauten von Hotels und Bungalowanlagen oder wilde Müllplätze geht. Auch die Kreter selbst demonstrieren einen oft erstaunlich sorglosen Umgang mit ihrem Land. Trotz der Sorglosigkeit der Inselbewohner möchten wir Sie bitten: Respektieren Sie alle Pflanzen und Tiere, nehmen Sie Ihre Abfälle wieder mit und gehen Sie sparsam mit Wasser um. Werfen Sie nie unachtsam Zigarettenkippen weg und machen Sie kein offenes Feuer – auf der Insel besteht eine extreme Waldbrandgefahr, besonders während der Hochsommermonate und im Herbst. Schränken Sie sich nach Möglichkeit auch beim Fahren mit dem PKW ein – es gibt kaum Fahrverbote und so trifft man die Mietautos mittlerweile an den entlegensten und einsamsten Plätzen der Insel, die nur über ruppige Straßen und Pisten erreichbar sind. Und noch eines: Äußern Sie auch ruhig einmal Ihre Verwunderung und Ihre Bedenken, wenn Sie gedankenlose oder leichtfertige Zerstörung der Natur mitbekommen.

Wandern auf Kreta

Geographisches

Kreta ist mit 8288 Quadratkilometern die größte aller griechischen Inseln und nach Sizilien, Sardinien, Zypern und Korsika die fünftgrößte des Mittelmeeres. Sie besitzt eine Länge von 260 km und ist zwischen 12 und 56 km breit. Berge und hügeliges Gelände dominieren auf der Insel, viele tiefeingeschnittene Schluchten ziehen zum Meer hinab.

Drei Gebirgszüge prägen die Insel: im Westen die Lefká Ori, 2452 m, in der Mitte das Massiv des Ida, 2446 m, und im Osten das Massiv der Díkti-Berge, 2148 m. Daneben gibt es noch zahlreiche kleine Gebirgszüge, wie die Kouloúkonas-Berge an der Nordküste. Im Gegensatz zur meist steilen und schwer zugänglichen Südküste besteht die Nordküste aus überwiegend flachen Küstenstreifen. Eine besondere geologische Eigenheit bilden die vielen Karstebenen, die meist in die Gebirge eingebettet sind. Im Westen sind dies die Omalós-Hochebene (2,5 km Durchmesser, 1050 bis 1300 m hoch) und die Askífou-Ebene (1 km Durchmesser, 700 m hoch), in der Mitte die Nídha-Hochebene (1,5 km Durchmesser, 1400 m hoch). Bis weit ins Frühjahr hinein sind sie schneebedeckt; das Schmelzwasser läuft durch unterirdische Systeme ins Meer oder speist die wenigen wasserführenden Flüsse. Der Kournás-See ist der einzige Süßwassersee der Insel.

Die Insel verfügt über viele sehr ergiebige Quellen, die für die Versorgung der Bevölkerung leicht ausreichen – der zunehmende Tourismus und die Umstellung der Landwirtschaft auf bewässerungsintensiven Landbau zwingen jedoch zur Exploration neuer Reservoire. Dabei stößt man immer wieder auf neue Höhlen; über 3000 davon sind schon bekannt, die wenigsten aber sind erforscht. Der große Wasserverbrauch vor allem in den Sommermonaten hat in vielen Teilen der Insel bereits zu einer deutlichen Absenkung des Grundwasserspiegels und zum Versiegen von vielen Brunnen geführt.

Vegetation und Tierwelt

Kreta zählt 1500 Arten von Pflanzen, davon sind etwa 10% endemisch, d.h. sie kommen nur auf dieser Insel vor. Die am häufigsten vertretenen Baumarten sind Kiefern, Zypressen, Stein- und Kermeseichen, Platanen und Eukalyptus. Das Landschaftsbild wird allerdings weitgehend von Nutzbäumen bestimmt, von Oliven-, Orangen- und Zitronen-, Feigen-, Johannisbrot-, Mandel- und Walnußbäumen. In der Nähe von Dörfern und im kretischen Mittelland finden sich häufig Weinfelder.

Die Vegetationsgrenze liegt bei etwa 1700 m, bis dahin erstreckt sich überwiegend Weideland mit eher kärglicher Vegetation. Hier gedeihen viele Kräuter, Heil- und Arzneipflanzen, darunter Salbei, Thymian und Oregano, Diktamos, Rosmarin, Lorbeer sowie zahlreiche Minzarten. Viele Straucharten finden sich auf der Insel: Oleander, Ginster, Myrte, Vitex, Wacholder und

Der Kreis Apokoronoú gehört zu den wasserreichsten Regionen Kretas.

viele mediterrane Hartlaubgewächse. Im Winter und Frühjahr ist die Blütezeit der Wildblumen, der Narzissen, Alpenveilchen, Anemonen, Mohnblumen, Margeriten und verschiedenster Orchideenarten.
Die ursprüngliche kretische Tierwelt ist fast ausgerottet. Es finden sich noch Wildziegen, Adler und Lämmergeier, die alle unter besonderem Schutz stehen, sowie Kleintiere, Kaninchen, Dachse, Sumpfschildkröten, Wiesel, Igel, Schlangen und Echsen und zahlreiche Vogelarten.

Klima und Wetter
Die Regenfälle beschränken sich fast völlig auf die Wintermonate, während im Sommer meist absolute Trockenheit herrscht. Die Übergangszeiten zwischen diesen beiden beherrschenden Jahreszeiten sind entsprechend kurz und oft wenig ausgeprägt. Kälteste Monate sind Januar und Februar, am heißesten wird es zwischen Juni und Ende September, wobei der Norden im Sommer, im Gegensatz zur extrem heißen Südküste, oft durch einen etwas kühleren Wind begünstigt ist. Unangenehm wirkt sich der orkanartige Schirokko aus Afrika aus; er läßt die Temperaturen schlagartig um zehn Grad ansteigen und auch in der Nacht gibt es dann keine Abkühlung. Zu erwähnen sind noch die vor allem im Nordwesten und im Gebirge auftretenden, teils heftigen Wärmegewitter, die hin und wieder auch Schlechtwettertage ankündigen.

13

Informationen und Adressen von A – Z

Anreise

Mit dem Flugzeug: Für die Mehrzahl der Touristen sind Charterflüge (März bis Oktober) die preiswerteste Reisemöglichkeit. Ganzjährig fliegt Lufthansa jeden Samstag von Frankfurt nach Iráklion und zurück. Billige Charterflüge gibt es auch nach Athen. Von dort mit Flugzeug oder Fähre nach Kreta.
Mit der Fähre: Von Piräus täglich Fährschiffe (19.00 Uhr) nach Haniá, Iráklion und dreimal wöchentlich nach Réthimnon. Die Überfahrt dauert 11 Stunden.
Mit dem Auto: Von Italien gibt es Autofähren von Triest, Ancona, Ortona, Brindisi, Bari und Otranto nach Pátras, teilweise auch nach Iráklion.

Auskunft

Informationsmaterial über Kreta ist erhältlich bei:
Griechische Zentrale für Fremdenverkehr – Neue Mainzer Straße 22, D-60311 Frankfurt/Main, ✆ 069 / 23 65 61-63; Opernring 8, A-1015 Wien, ✆ 0222 / 512 53 17-18; Löwenstraße 25, CH-8001 Zürich, ✆ 01 / 211 44 10.

Camping

Obwohl Wildcampen in Griechenland grundsätzlich nicht erlaubt ist, kann man in den Bergen oder an einsamen Buchten Kretas durchaus sein Zelt aufschlagen – an den Stränden der Touristenorte jedoch finden Polizeikontrollen statt. Es gibt etwa zwei Dutzend Campingplätze auf der Insel.

Diebstahl

Die Zeiten, als man in Griechenland sein Gepäck unbeaufsichtigt am Strand oder anderswo stehen lassen konnte, sind vorbei. Autoaufbrüche sind zwar selten – lassen Sie aber trotzdem keine Wertsachen im Wagen.

Feiertage

1. Januar, 6. Januar, 25. März, Ostern, 1. Mai, Pfingsten, 15. August, 28. Oktober, Weihnachten.

Klima

Auf Kreta scheint die Sonne 300 Tage im Jahr. Dabei ist der Osten trockener als der Westen. Zum Wandern ist das Frühjahr am schönsten und ange-

Klimatabelle Iráklion (durchschnittliche Temperaturen in °C)

Monat	1	2	3	4	5	6	7	8	9	10	11	12	Jahr
Luft °C	12	13	14	17	24	24	26	26	24	20	17	14	19
Luft max. °C	16	16	17	20	24	28	29	29	27	24	21	17	22
Wasser °C	16	15	16	17	19	22	24	25	24	23	20	17	20

nehmsten. Der milde Winter dauert drei bis vier Monate, wobei die Küsten immer schneefrei sind. Nur in den Bergen fällt Schnee, der in den Hochlagen bis in den Frühsommer liegenbleibt.

Notruf
In Kreta gibt es keinen Bergrettungsdienst. Bei Notfällen am besten nächste Polizeistation alarmieren: Polizei 100 – Pannenhilfe 104 – Feuerwehr 199.

Sport
Wassersport und Wandern führen die Hitliste der beliebtesten Freizeitmöglichkeiten an. Zur Angebotspalette der touristisch erschlossenen Zonen gehören Surfen, Segeln, Tauchen, Wasserski und Gleitschirmfliegen. Tennisplätze findet man fast nur in den Hotelanlagen. Eine immer größere Anhängerschaft gewinnt das Mountain-Biking auf Kreta.

Telefon
Vorwahl nach Kreta (Griechenland) 0030. Vorwahl von Kreta nach Deutschland 0049, nach Österreich 0043, in die Schweiz 0041.

Verkehrsmittel auf Kreta
Busse: Das kretische Busunternehmen KTEL unterhält ein breitgefächertes Verkehrsnetz auf Kreta. Es teilt sich in KTEL Haniá/Réthmnon und KTEL Iráklion/Lassíthi, von denen jeweils Buspläne für ihr Netz erhältlich sind. Größere Orte werden mehrmals täglich angefahren. Auf der Nationalstraße im Norden zwischen Agios Nikólaos im Osten und Kastélli Kíssamos im Westen halbstündlich bis stündlich Linienverkehr. Im Winter sind die Busverbindungen stark eingeschränkt.
Taxi: In den Städten mit einem Taxameter ausgerüstet. Auf dem Land heißen die Taxis Agoreon und es gilt eine Preisliste.
Mietwagen: Mittlerweile stehen fast an jeder Ecke Kretas PKWs und Motorroller zur Vermietung. Autos sind relativ teuer und kosten 80 bis 120 DM/Tag.

Wandervereine
Anschriften der Sektionen des griechischen Bergsteigervereins (EOS) auf Kreta (zuständig für Berghütten und Hüttenschlüssel): EOS Iráklion, Dhikeosínis-Allee 74 (Herr Nikos Metaxakis), ✆ 081 / 28 29 73, 22 76 09. EOS Réthmnon, Gerakaristraße 3 (Herr Spandidakis), ✆ 0831 / 236 66. EOS Haniá, Michelidákistraße 3 (Herr Houliopolos), ✆ 0821 / 243 59 (Do-Sa). EOS Lassíthi, Agios Geórgios, Lassíthi (Herr Papafrangakis), ✆ 0844 / 312 60.

Zeit
In Griechenland ist es eine Stunde später als bei uns. Ist es in Deutschland 12.00 Uhr, dann ist es auf Kreta schon 13.00 Uhr.

Der Nordwesten Kretas

Die zwei höchsten Gebirgszüge der Insel, die Weißen Berge und das Ida-Gebirge (Psilorítis), prägen den landschaftlichen Charakter im Nordwesten Kretas. Auf ihren Nordseiten gibt es zwar reichlich Wasser, dennoch sind für die landwirtschaftliche Produktion aber nur einige flache Küstenstreifen von Bedeutung. Zahllose Olivenbäume – das kretische Olivenöl gehört zu den besten der Welt – bilden die Haupterwerbsquelle der Kleinbauern. Während der Anbau von Zitrusfrüchten sowie der Weinbau in diesem Teil der Insel nur eine untergeordnete Rolle spielen, ist die Schaf- und Ziegenzucht weit verbreitet.

Zwei Städte bilden die wirtschaftlichen Zentren der Region: die Kreishauptstädte Haniá und Réthimnon. Beide warten mit einem beschaulichen Altstadtviertel, schmalen Gassen und venezianischen und türkischen Häusern auf, die sich um den venezianischen Hafen gruppieren. **Haniá**, die größere von beiden, zählt etwa 60 000 Einwohner. Sehenswert sind die Markthalle und die Janitscharen-Moschee am alten Hafen. Wenige Kilometer südöstlich von Haniá liegt die Hafenstadt Soúda. Hier legen die großen Fähren aus Piräus an. Die **Bucht von Soúda** gehört zu den bestgeschützten natürlichen Buchten des Mittelmeeres. Kein Wunder also, daß sich hier ein Marinestützpunkt befindet und die ganze Bucht eine militärische Sicherheitszone ist. Gleichsam von Waffen strotzt die Akrotíri-Halbinsel mit einem Militärflughafen

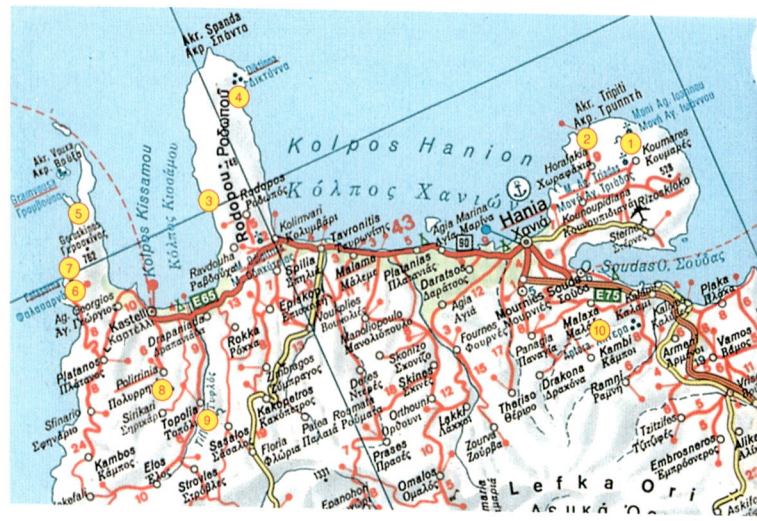

...tz, **die** sich zwischen Haniá und Soúda ins Meer

...ich hier der Zivilflughafen von Haniá. Auf der

...sel lohnt ein Besuch der reizvollen Klöster

... Stavrós besitzt sie einen schönen Strand.

...n im Nordwesten gehören dagegen den Schaf-

... Besonderheiten der **Halbinsel Rodopoú** zählt

...Göttin Diktyna geweihtes Heiligtum, von dem nur

...halten sind. Am Fuß der Halbinsel steht das Kloster

...polit von Haniá, Irenäus, eine Ökumenische Akademie

...digung eingerichtet hat. Er ist auch der Initiator für die

...die alljährlich am 29. August an der Kapelle Agios Ioánnis

...r Halbinsel stattfinden. Nicht weniger karg ist die **Halbinsel**

...sa im äußersten Nordwesten, die eine traumhafte, Tigáni Bálos

..., feinsandige Bucht aufweist. Auf der gleichnamigen vorgelagerten

...steht ein venezianisches Kastell, das erst 1692 vor den Türken

...tulierte.

...ahrt man die Straße von Haniá Richtung Westen, löst ein Sandstrand den andern ab. Leider wurde die Gegend um Agia Marína stark verbaut – entlang der Straße sind zahlreiche Hotels, Pensionen, Supermärkte, Souvenirgeschäfte und Auto- bzw. Motorradverleiher angesiedelt. Nach Kolimbári durchschneidet die Straße einen Bergausläufer und erreicht die Hauptstadt des Kíssamos-Bezirkes **Kastélli Kissámou**. Dreimal wöchentlich gibt es von

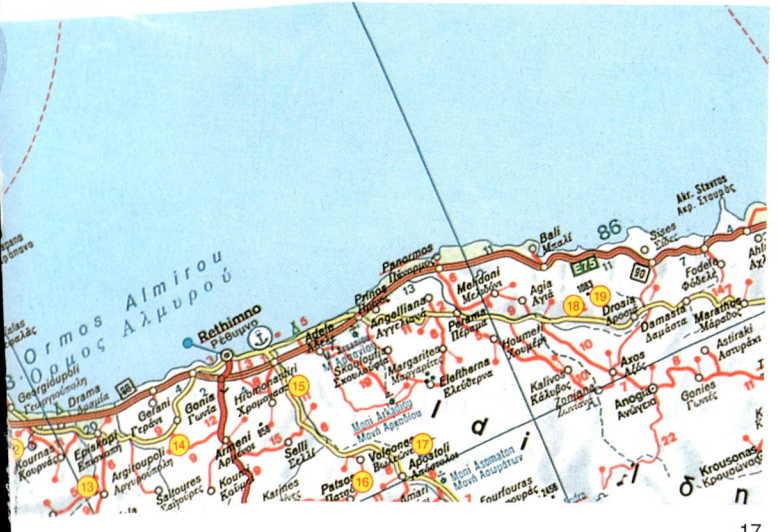

Das Kloster Agia Triáda auf der Halbinsel Akrotíri.

hier eine Fährverbindung nach Gíthion auf dem Peloponnes. Fährt man die Straße weiter, so trifft man am westlichen Fuß der Halbinsel Rodopoú auf **Falássarna** mit seinem schönen Sandstrand. Der flache Küstenstreifen und die reichlich vorhandene Sonne bieten hier ideale Voraussetzungen für den Gewächshaus-Anbau. Falássarna und das südlich von Kastélli gelegene **Polirínia** geben Zeugnis für die dorische Besiedlung in diesem Teil der Insel. Wer eine lange Fahrt mit Auto oder Bus nicht scheut, für den lohnt es sich, in den äußersten Südwesten der Insel aufzubrechen zum wunderschön gelegenen **Kloster Hrissoskalítissas** und zu den paradiesischen Elafoníssos-Inseln. Von der Nordküsten-Nationalstraße führen mehrere, teils äußerst kurvenreiche Straßen durch das Inselinnere zur Südküste. Sie passieren zahlreiche abgeschiedene Dörfer mit sehenswerten, aus dem Mittelalter stammenden byzantinischen Kirchen und geben einen Eindruck vom Leben der Landbevölkerung.

Der Nordwesten der Insel hat eine ganze Reihe sehenswerter **Schluchten** aufzuweisen. Durch einige führen Straßen, so daß man diese bequem vom Auto aus kennenlernen kann – so die Topolía-Schlucht südlich von Kastélli oder die Thérisso-Schlucht südlich von Haniá. Die schönsten Eindrücke gewinnt man aber beim »Cañoning«, wie das Schluchtwandern heute gerne bezeichnet wird.

Die Fahrt auf der Nationalstraße von Haniá nach Réthimnon dauert knapp eine Stunde. Zwischen den beiden Städten liegt der Ort **Georgioúpolis** am Beginn eines kilometerlangen Sandstrandes. Im Hinterland, umschlossen von hohen Bergen, befindet sich Kretas einziger See, der **Kournás-See**.

Die Kreisstadt **Réthimnon** bezaubert durch den bereits erwähnten venezianischen Hafen und das türkisch-venezianische Altstadtviertel. Sehenswert ist auch die über der Stadt liegende Festung. Réthimnon zählt etwa 20 000 Einwohner. In den Sommermonaten dagegen wächst die Zahl der Touristen über die der Einwohner hinaus, denn an den Stränden östlich von Réthimnon stehen zahlreiche Hotelanlagen und Pensionen. Erst an den Hängen der **Kouloúkonas-Berge** wird die Küste felsiger und unzugänglicher. Das Hinterland des Kreises Réthimnon ist gleichfalls sehr gebirgig, so daß nur wenige Straßen zur Südküste führen. Landschaftlich besonders beeindruckend ist die Fahrt durch die **Kourtaliótiko-** oder die **Kotsifoú-Schlucht** nach Plakiás sowie die Fahrt durchs **Amári-Becken** nach Agia Galíni.

Die Antoniushöhle in der der Schlucht des Tsiríta.

1 Von Agia Triáda nach Katholikó

Zu den Klöstern von Akrotíri

Agia Triáda – Gouvernéto – Höhle Arkoudhiótissa – Katholikó

Ausgangspunkt: Kloster Agia Triáda, 16 km von Haniá entfernt. Die große,

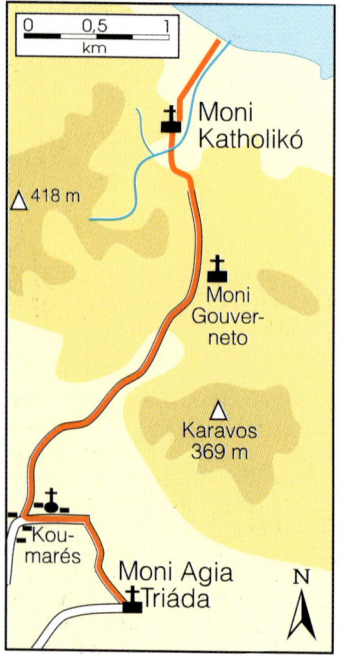

harmonische Klosteranlage liegt in der weiten Ebene vor den Bergen von Akrotíri und wird über eine schöne Zypressenallee erreicht. Die Anlage ist von weitläufigen und gepflegten Orangen- und Olivenplantagen und ausgedehnten Weinfeldern umgeben.

Gehzeiten: Agia Triáda – Gouvernéto 1 Std., Gouvernéto – Bärenhöhle 20 Min., Bärenhöhle – Katholikó 20 Min., Katholikó – Küste 20 Min.; Rückweg 2 Std. 20 Min.; Gesamtgehzeit 4 Std. 20 Min.

Höhenunterschied: Aufstieg 200 m, Abstieg 300 m (einfache Strecke).

Anforderungen: Leichte Schluchtwanderung, meist gute Weganlage, kurze Strecke im Kiesbett, eine Abstiegsstelle über ein 5 Meter hohes Steilstück, gutes Schuhwerk notwendig, wenig Schatten, das ganze Jahr über möglich.

Einkehr und Unterkunft: Mehrere Tavernen und Cafés in der Nähe des Flughafens. Hotels, Pensionen und Campingplätze in Haniá.

Busverbindung: Werktags zweimal, sonntags einmal täglich, mehrere Olympic-Busse täglich zum Flughafen.

Hinweis: Für die Besichtigung des sehenswerten Klosters Agia Triáda wird Eintritt verlangt, Frauen werden nur mit langem Rock und langärmeliger Oberbekleidung eingelassen.

Von **Agia Triáda** führt nach Nordwesten anfangs in ebenem Gelände eine Schotterstraße, später eine betonierte Straße in einem engen Tal zum 200 Meter höher gelegenen Kloster **Gouvernéto**. Die festungsartige Anlage wurde 1548 unter venezianischem Einfluß erbaut; das Kloster ist von 14.00 bis etwa 17.00 Uhr geschlossen. Vom nahen Sattel aus, von dem man einen schönen Blick nach Norden zum Meer hat, führt ein guter Fußweg über altes Pflaster in 20 Minuten hinab zu einigen alten Ruinen und zur Höhle »Arkoudhiótissa«, der **Bärenhöhle**. Ein mächtiger Stalagmit, der einem Bären ähnelt, steht im Inneren der Höhle – die Kapelle am Eingang stammt

Der Innenhof des Klosters Agia Triáda.

aus dem 16. Jahrhundert. Nach weiteren 20 Minuten Abstiegsweg in die unter uns liegende Schlucht gelangen wir zu einer zweiten Höhle. Etwa 130 Meter kann man in das Innere vordringen. Jedes Jahr am Namenstag des Eremiten Johannes, am 7. Oktober, ist die Höhle Treffpunkt von vielen Pilgern, die teilweise nach der abendlichen Messe die Nacht hier verbringen. Über steile, in die Felsen geschlagene Stufen führt uns der Weg zum etwas tiefer gelegenen Kloster **Katholikó**. Nach dem Einfall arabischer Piraten im 16. Jahrhundert wurde das Kloster teilweise zerstört und ist seitdem unbewohnt, die Mönche siedelten ins höher gelegene Kloster Gouvernéto um. Die Klosteranlage wurde auf einem mächtigen Brückenbogen, in dessen Mauern Keller und Zisternen verborgen sind, erbaut. Er überspannt die an dieser Stelle 15 Meter breite Schlucht. Unser Weg führt über diesen Brückenbogen, und gleich auf der anderen Seite geht es rechts wenige Meter steil hinab in den Grund der Schlucht. 20 Minuten lang folgen wir dem trockenen Kiesbett hinab zum Meer, die Landschaft ist beeindruckend. An der **Küste** sind noch die Abstufungen eines alten Steinbruches und ein altes Bootshaus aus Stein zu erkennen. An dieser alten Bootsanlegestelle gelangt man auch in die schmale, fjordartige Bucht zum Baden – die felsige Küste hingegen ist wegen der hohen Brandung ungeeignet zum Schwimmen. Auf dem gleichen Weg geht es wieder zurück zu den Klöstern.

2 Von Stavrós zur Kirche Agios Geórgios und nach Katholikó

In den Bergen von Akrotíri

Stavrós – Agios Geórgios – Moni Katholikó

Ausgangspunkt: Stavrós, die nördlichste Ortschaft der Halbinsel Akrotíri, ehemals ein schöner kleiner Badeort, der jetzt durch ausufernde Bautätigkeit völlig sein Gesicht verloren hat.

Gehzeiten: Stavrós – Agios Geórgios 1 Std. 20 Min., Agios Geórgios – Sattel ½ Std., Sattel – Moni Katholikó 1¾ Std.; Gesamtzeit: Stavrós – Agios Geórgios und zurück 2½ – 3 Std., Stavrós – Katholikó 3½ – 4 Std.

Höhenunterschied: Aufstieg 250 m, Abstieg 250 m.

Anforderungen: Leichte Wanderung, bis zur Kirche gute Orientierung, der weitere Wegverlauf ist jedoch schwierig zu finden, teilweise weglos und ohne Schatten, unterwegs nur Zisternenwasser.

Einkehr und Unterkunft: In Haniá und Stavrós Hotels, Pensionen, Ferienwohnungen, Restaurants, Tavernen und Bars.

Busverbindung: In der Saison dreimal täglich Busse von Haniá.

Tip: Im steilen Hang über Stavrós, in 250 m Höhe, eine Höhle mit sehr schönem Ausblick.

Stavrós ist bekannt geworden durch den Film »Alexis Sorbas« – die Seilbahn, die so herrlich zusammenkracht und die beeindruckende Tanzszene am Strand wurden hier gedreht. Heute ist dieser einst so schöne und einsame Ort mit der wunderbaren kleinen Lagune hoffnungslos überlaufen. Kurz bevor die Straße den Strand erreicht, geht es vor den letzten Häusern rechts ab zum Rand der Lagune und an ihr entlang auf den Hügel östlich vom Ort zu; dort liegt auch die erwähnte Höhle. Nach den letzten eingezäunten Weidegrundstücken quert ein Fußweg nach Süden. Diesem folgen wir – er

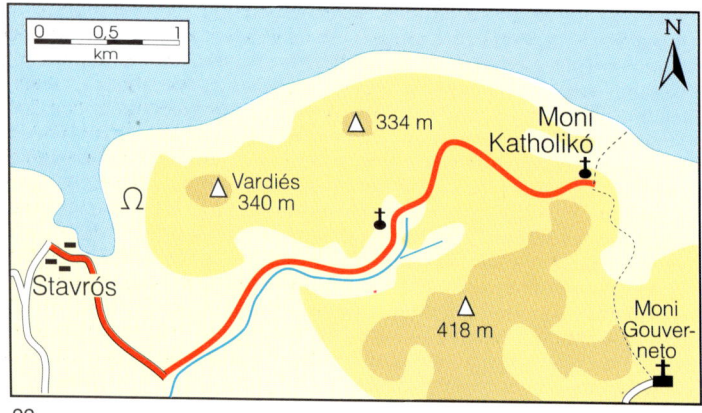

endet nach wenigen Minuten an einer neu ausgeschobenen Fahrtrasse. Diese Trasse zieht sich Richtung Osten in das beginnende Tal hinein, wir folgen ihr bis zum Ende (bis hierher ab Stavros 20 Minuten). An einer alten Zisterne vorbei benützen wir jetzt einen deutlichen Fußweg, der sich im noch flachen Tal im trockenen Bachbett fortsetzt. Der Weg verläuft teils rechts vom Bachbett, meist jedoch direkt im enger werdenden Talgrund, er zieht sich langsam, zwischen den steiler werdenden Hügeln bergauf. Vereinzelt stehen *Steinmännchen* als Markierung. Etwa eine halbe Stunde nach Beginn des Fußweges führt der Weg links des Talgrundes ein Stück oberhalb der kleinen Schlucht weiter und führt dann die wenigen Meter wieder hinab in das Kiesbett des Baches, dem wir 10 Minuten lang folgen. Das nun flacher werdende Tal verzweigt sich, links oberhalb stehen einige Mauerreste und eine große intakte Zisterne. Hier muß man den Hang hinauf zu den oberhalb befindlichen Ruinen und erst kurz vor diesen Ruinen wird rechts die hinter Johannisbrotbäumen und Eichen versteckte Kirche **Agios Geórgios** mit der daneben befindlichen Höhle sichtbar. Die Kirche ist direkt in den Eingang der Höhle gebaut, von ihrem Vorplatz aus hat man einen schönen Blick auf das hinabziehende Tal. Ringsherum befinden sich viele Ruinen und Mauerreste, die auf eine ehemals große Klosteranlage schließen lassen.

Für den weiteren Wegverlauf ist eine gute Orientierungsfähigkeit notwendig, die Hügel hier sehen fast alle gleich aus. Von der Kirche aus auf gleicher Höhe den Hang entlang zurück zum Bachbett, das nach etwa 100 m an einem großen Johannisbrotbaum endet. Von hier immer den rötlichen Wegspuren entlang, dem Talverlauf folgend, aufwärts auf einen hohen Sattel zu. Nochmals an einer großen Zisterne mit mehreren Trinktrögen vorbei, *Steinmännchen* sind vereinzelt anzutreffen, und nach einer halben Stunde ab der Kirche stehen wir auf dem **Sattel**, 300 m, mit freiem Blick nach Nordosten zum Meer. Für den weiteren Wegverlauf müssen wir in das unter uns befindliche Tal absteigen und gehen dann wieder der rötlichen Erde nach, immer dem flachen Talverlauf folgend Richtung Osten. Dieses Hochtal weitet sich zu einer Ebene, die wir in Längsrichtung (Osten) durchlaufen – an ihrem Ende beginnt ein kleines, abwärts ziehendes Tal (bis hierher ab dem Sattel 45 Minuten). Anfangs ist der Talgrund dicht bewachsen. Unter größeren Bäumen wandern wir in das jetzt tiefer eingeschnittene kleine Tal hinein. Es wird enger, immer häufiger prägen Felsformationen an beiden Seiten die Landschaft – das Tal ist mittlerweile in eine Schlucht mit mäßigem Gefälle übergegangen. Meist kann man im Kiesbett laufen, nur an wenigen Stellen müssen wir über Felsstufen absteigen. An einer Verzweigung der Schlucht gehen wir links und erreichen nach weiteren 45 Minuten ab der Hochebene, unvermittelt nach einer Biegung, den kleinen Felskessel, in dem die Klosteranlage **Katholikó** auf dem mächtigen Bogen erbaut wurde. Von hier aus, dem guten Fußweg folgend, hinauf zu den Klöstern **Gouvernéto** und **Agia Triáda**.

3 Von Rodopós nach Agios Ioánnis Giónis

Karge Halbinsel mit einsamer Wallfahrtskirche und schönem Küstenweg

Rodopós – Agios Ioánnis Giónis – Rodopós

Ausgangspunkt: Dorfplatz von Rodopós, ca. 7,2 km von Kolimbári.
Gehzeiten: Rodopós – Agios Ioánnis Giónis 2¼ Std.; Rückweg an der Küste 2¾ Std.; Gesamtgehzeit 5 Std.
Höhenunterschied: 580 m.
Anforderungen: Ausdauer erfordernde, aber unschwierige Wanderung. Gutes Schuhwerk. Wasser.
Einkehr und Unterkunft: Restaurants und Hotels in Kolimbári, Kafenia in Rodopós.
Busverbindung: Zweimal täglich von Haniá nach Rodopós.

Am 29. August jeden Jahres pilgern Tausende Gläubige zur abgelegenen Wallfahrtsstätte Agios Ioánnis Giónis – dann beginnt ein über mehrere Tage dauerndes Fest mit Gottesdiensten, in dessen Rahmen der Metropolit von Kíssamos eine Massentaufe an Kindern und Neugeborenen vornimmt. Anschließend wird diese von einer kargen Landschaft umgebene Oase wieder von der Einsamkeit umhüllt.

Ausgangspunkt unserer Wanderung ist der Dorfplatz von **Rodopós**. An einer Büste nehmen wir die Straße, die an einer weißblauen Kirche vorbei den Ort verläßt. Nach gut 1 km können wir bei einer Linkskurve einen Abkürzungsweg nehmen. Dann geht es langsam ansteigend auf der Schotterstraße weiter. Nach einer Dreiviertelstunde passieren wir zwei Betonpfeiler (rechter umgekippt). Knapp 1½ Stunden nach Beginn unserer Wanderung ein **Wegschild bei einer Zisterne** mit zwei Klappen: Pros Agios Ioánnis. Es betrifft den Fahrweg für Autos.

Wir gehen hier den breiten Schotterweg links an der Zisterne vorbei und stehen 10 Minuten später auf einem Paß. Beim Abstieg kommen wir alsbald an einem **hellblauen Wegschrein** vorbei. Von hier haben wir einen herrlichen Tiefblick hinab zum viereckig eingerahmten Kirchlein und hinüber bis zur Halbinsel Gramvoússa mit den vorgelagerten Inseln. Kurios ist auch der Modellkirchen-Schrein am Weg.

Nach gut 2 Stunden erreichen wir die kleine Kirchenanlage (**Agios Ioánnis** und **Agios Nikoláos**). Ein runder Taufstein und lange Reihen Steintische unter schattigen Bäumen fallen ins Auge. Ein angenehmer Platz für eine Rast.

Der Weiterweg beginnt am Tor der Kirche auf dem nach Süden verlaufenden Pfad (schwach orange markiert). Immer geradeaus, vorbei an einem brüchigen Drahtzaun und weiter zu einem Schafspferch. In der Ferne sehen wir bald die Stadt Kastélli. Eine Schlucht, die hinab zum Meer verläuft, wird oberhalb gequert. Unten können wir die Kapelle **Agios Pávlos** sehen. Es geht eine Weile leicht bergab, bis der Weg wieder ansteigt und von der Küste weg nach links schwenkt. Dann auf einer Schotterstraße weiter, bei einer

Gabelung links, dann immer geradeaus, bis **Rodopós** zu sehen ist. Rechts auf einen Abkürzungspfad achten (an einem Sportplatz vorbei), er mündet wieder in den Fahrweg, der uns in den Ort bringt.

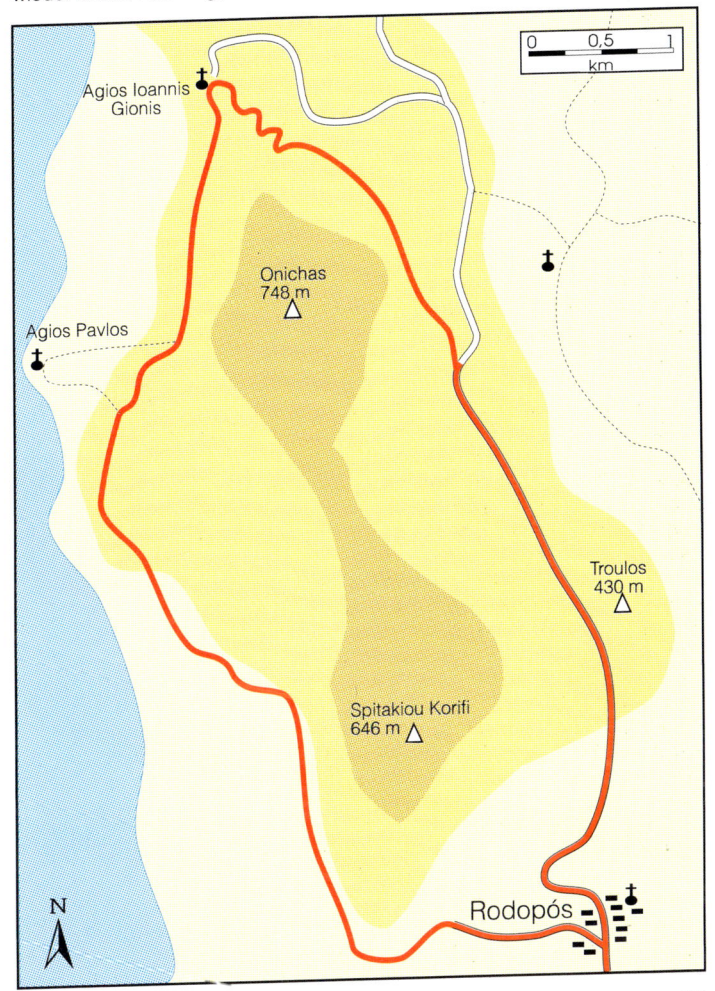

4 Zum Diktyna-Heiligtum auf der Halbinsel Rodopoú

Felsenbucht und antike Säulenstümpfe am Ende einer kargen Halbinsel

Rodopós – Diktynaion – Rodopós

Ausgangspunkt: Mit dem Fahrzeug auf der Straße, die von Rodopós (7,2 km nach Kolimbári) die Halbinsel einwärts führt, bis zu den Zisternen/Wegschild, siehe Tour 3 (6,3 km) oder weiter.

Gehzeiten: Zisternen/Wegschild – großer Rechtsbogen 1½ Std., großer Rechtsbogen – Diktynabucht 1½ Std.; Gesamtgehzeit 6 Std. hin und zurück.

Höhenunterschied: 500 m.

Anforderungen: Einfacher, doch langwieriger und schattenloser Weg. Ausdauer erforderlich.

Einkehr und Unterkunft: Restaurants und Hotels in Kolimbári, Kafenia in Rodopós.

Verkehrsverbindungen: Am besten mit eigenem Fahrzeug zum Ausgangspunkt.

Für diese Wanderung empfiehlt es sich, den ersten Teil der Strecke mit einem Mietwagen zurückzulegen – als Fußweg wäre die Gesamtstrecke hin und zurück unverhältnismäßig lang. Lohnend ist in jedem Fall die schöne Bucht, über deren Südrand auf einer Terrasse noch steinerne Reste des

Die Bucht, wo einst der Tempel der liebesscheuen Nymphe Diktyna stand.

ehemaligen Diktynaions zu sehen sind. Hier soll es gewesen sein, wo sich die liebesscheue Nymphe Diktyna ins Meer gestürzt hat, um den Nachstellungen des lüsternen Minos zu entkommen. Die Netze der Fischer brachten ihr die Rettung und den Namen (Netz = Dichti).

Die ersten 6,3 km sind mit dem Wegverlauf der Wanderung 3 identisch. Diese Strecke ist in gutem Zustand und es kann ein Fahrzeug benutzt werden. Wir beginnen die Wanderung also bei den **Zisternen mit Wegschild**: Pros Agios Ioánnis. Nach 600 m kommt ein weiteres Hinweisschild nach links. Zum Diktynaion geht es jedoch geradeaus weiter. Wir folgen immer dem Hauptweg. Nach einer Dreiviertelstunde kommen wir abermals an einer Zisterne vorbei. Dann geht es immer abwärts. Nachdem einige aufgelassene Steinbrüche passiert worden sind, macht die Straße einen weiten Rechtsbogen. Dieser kann durch einen Abkürzungspfad geschnitten werden. Nach 2 Stunden kommen wir an einer Schäferei vorbei. Nun fast in Gegenrichtung abwärts. Zuletzt zieht der Weg nach Osten in einer Schlucht hinab zur Meeresbucht – der schönste Abschnitt der Wanderung. Rechts oberhalb der Ménies genannten Bucht befinden sich noch Steinreste des ehemaligen **Diktyna-Tempels**. Die Mauerreste über der anderen Seite der Bucht sind wahrscheinlich türkischer Herkunft. Beim Rückweg kürzen wir die Straße durch einen steil nach oben strebenden Maultierweg (15 Minuten) ab.

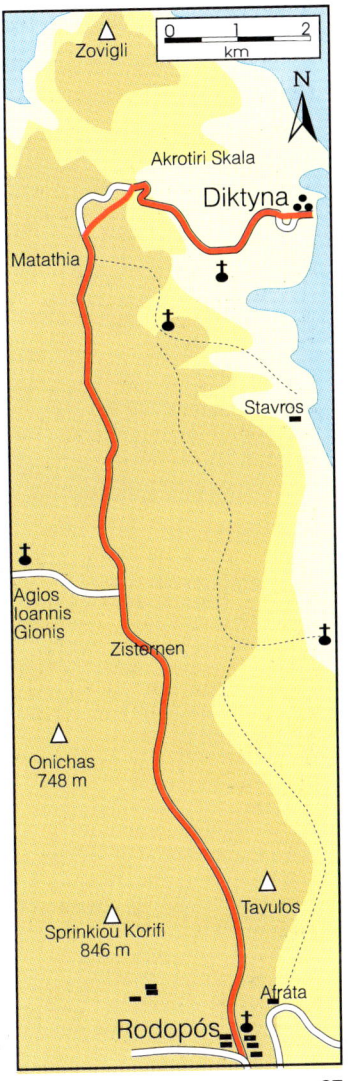

5 Zur Piratenbucht »Tigáni Bálos«

Vom Golf von Kastélli über die Halbinsel Gramvoússa

Kaliviáni – Agia Iríni – Tigáni Bálos

Die Lagune von Tigáni Bálos: türkisblaues Wasser und feiner Korallensand.

Ausgangspunkt: Kaliviáni, 7 km von Kastélli, der Hauptstadt des Bezirkes Kíssamos am Golf von Kastélli, zwischen den Halbinseln Gramvoússa und Rodopoú.

Gehzeiten: Kaliviáni – Agia Iríni 1½ Std. (derzeitiges Ende der Schotterstraße); Agia Iríni – Bucht Tigáni Bálos 1½ Std.; Gesamtgehzeit 3 Std.

Höhenunterschied: Aufstieg 150 m, Abstieg 150 m.

Anforderungen: Leichte Wanderung, gute Orientierung, 50% der Strecke Schotterstraße, auf der gesamten Strecke kein Schatten.

Einkehr und Unterkunft: In Kaliviáni Taverne, in Kastélli Hotels, Tavernen und Kafenía.

Busverbindung: Kastélli – Platanós ein- bis zweimal täglich, Busstop 1 km vor Kaliviáni an einer Straßenkreuzung.

Im kleinen Dorf **Kaliviani**, direkt an der Kirche vorbei Richtung Norden, beginnt unsere Wanderung, die uns zur Nordwest-Ecke Kretas, zur Piratenbucht »Tigáni Bálos« bringt. Der neu ausgeschobene Schotterweg führt an der Ostseite der Halbinsel nach Norden, vorbei an einem gestrandeten Frachtschiff, immer mit einem herrlichen Blick auf den Golf von Kastélli und die gegenüberliegende Halbinsel Rodopoú. Nach etwa 1½ Stunden erreichen wir die **Kapelle Agia Iríni**, direkt daneben eine kräftig sprudelnde Quelle, die einzige Wasserstelle auf unserer Wanderung – gute Gelegenheit für eine längere Pause. Ein spärlich markierter Fußweg führt weiter, der aber nicht zu verfehlen ist. Nach einer weiteren halben Stunde quert der Weg den flachen Höhenrücken und gibt plötzlich den Blick auf die Westseite von

Gramvoússa frei. Ein überwältigender Ausblick. Unter uns die Bucht **Tigáni Bálos**, was soviel wie »Bratpfanne« heißt und sich wohl auf die Form dieser seichten Lagune bezieht. Nordwestlich die beiden Inseln Agria Gramvoússa und Imeri Gramvoússa, übersetzt die Wilde und Sanfte – türkisfarbenes Wasser, weißer Strand. Auf der Insel Imeri Gramvoússa sind noch die Überreste eines venezianischen Kastells zu sehen, das als leztes Bollwerk Kretas vor den Türken standhalten konnte, bis es 1692 kapitulierte. In etwa 30 Minuten erreichen wir die flache Bucht unter uns; der etwas steilere Abstieg wird links von einem massigen Berg flankiert, dem Mávros Póros. Diese seichte Lagune mit weißen Dünen, feinstem Muschel- und Korallensand und ihrem unendlich breiten Spektrum an blauen Farben, zurückzuführen auf die unterschiedliche Tiefe des Wassers und die beiden vorgelagerten Inseln, ist in der Tat eine der schönsten Buchten Kretas. Aber leider nimmt gerade hier die Verschmutzung rapide zu. Zum einen ist es die unglaubliche Ansammlung von Teer auf den Stränden, zum anderen aber auch der achtlos liegengelassene Abfall, wohl meist von Wanderern und Touristen, die sich mit dem Boot herbringen lassen. Am Strand stehen zwei Hütten, die im Sommer hin und wieder auch als Kiosk und Bar fungieren. Wer genügend Zeit hat, kann durch das Wasser (meist spitzes Lavagestein) zum Kap Tigáni waten, auf dessen höchstem Punkt eine **Kapelle** errichtet wurde.

6 Zu den Ruinen der Hafenstadt Falássarna

Über den Bergrücken hinab zum weißen Strand Falássarnas

Kalivianí – Azogirás – Falássarna

Ausgangspunkt: Kalivianí, 7 km von Kastélli, 1 km von der Verbindungsstraße Kastélli – Plátanos entfernt.
Gehzeiten: Kalivianí – Azogirás ½ Std., Azogirás – Paßhöhe ½ Std., Paßhöhe – Tavernen 1 Std.; Weiterweg nach Falássarna ½ Std.; Gesamtgehzeit 2½ Std.
Höhenunterschied: Aufstieg 150 m, Abstieg 200 m.
Anforderungen: Leichte Wanderung über einen Höhenrücken, meist auf Feldwegen. Im Sommer sehr heiß.
Einkehr und Unterkunft: Falássarna, Pensionen und Tavernen.
Busverbindung: Kastélli – Falássarna 10.00, 17.00 Uhr. Kastélli – Plátanos viermal täglich.
Tip: Antike Hafenstadt in Falássarna, erste dorische Niederlassung in Kreta in Polirinía.

Wir verlassen das Dorf **Kalivianí** Richtung Nordwest auf einem breiten Feldweg, der jedoch bald als Pfad weiterführt. Erst leicht bergauf, dann ein Stück auf dem nun breiten Weg nach rechts und an der Gabelung wieder links bergab. An der nun erreichten Schotterstraße biegen wir rechts ab und gelangen auf dieser zu den Häusern von **Azogirás**. Im Dorf verzweigen sich die Straßen, wir halten uns links, gehen an den einzelnen Häusern vorbei (an der letzten Ruine weist ein roter Pfeil nach links – nicht beachten), weiter auf der immer schlechter werdenden Straße. Es geht durch ein Gatter, anschließend links, nach einem weiteren Gatter biegen wir sofort rechts ab, und halten uns vor der Olivenplantage nach oben. Ab hier ist der Weg zum **Paß** wieder gut markiert. Ein grandioser Blick eröffnet sich vom Bergrücken aus auf die Ebene unter uns – in der Sonne glitzern Gewächshäuser und das Meer. Eine knappe Stunde dauert der Abstieg über die kurvenreiche Schotterstraße (200 Höhenmeter), dann sind die Tavernen an der Küste erreicht. Unterhalb der an der Böschung stehenden Taverne entspringt aus

Vermutlich ein alter Steinbruch in der Nähe des antiken Falássarna.

einem Felsen eine ergiebige Quelle, die zur Versorgung des neuen Dorfes Falássarna genutzt wird und auch Anlaufpunkt für die vielen Camper ist, die hier den Strand bevölkern. Auf einer Schotterstraße geht es nun in einer halben Stunde, vorbei an vielen Gewächshäusern und durch Olivenplantagen, zum antiken **Falássarna**. Aus dem 5. und 4. Jahrhundert v.Chr. stammt diese Stadt, die ihren Höhepunkt unter den Dorern als zweite Hafenstadt von Polirínia hatte und vermutlich bei dem großen Erdbeben im 5. Jahrhundert n.Chr. zerstört wurde. Viele Überreste, so ein großer steinerner Thron, Felsenkammern, Felsengräber und im eigentlichen antiken Stadtgebiet, das sich auf den Hügel weiter nördlich konzentriert, die Reste einer Umfassungsmauer und der alten Akropolis sind noch gut zu finden. Für den Rückweg sind gut 3 Stunden einzuplanen, der weitläufige Strand lädt aber durchaus auch zu einem längeren Aufenthalt ein (dann aber sollte man sich vorher nach einem Zimmer erkundigen).

7 Von Falássarna nach Gramvoússa

An der wilden Nordwest-Küste Kretas

Falássarna – Geroskinos – Gramvoússa

Ausgangspunkt: Falássarna, im äußersten Nordwesten der Insel. Die letzten Tavernen liegen oberhalb des langgezogenen, schönen Sandstrandes von Falássarna, hier endet die 5 km lange geteerte, von Plátanos kommende Straße.

Gehzeiten: Tavernen – Straßenende ½ Std., Aufstieg zur Terrasse ½ Std., Beginn der Terrasse – Felsenbucht 1½ Std., Aufstieg Felswand (Geroskinos) ¾ Std., Querung unterhalb der Felswände 1½ Std., Abstieg zur Lagune von Gramvoússa ¾ Std.; Gesamtgehzeit 5½ Std.

Höhenunterschied: Aufstieg 500 m, Abstieg 500 m.

Anforderungen: Schwierige und mühsame Küstenwanderung, die hohe Anforderungen an die Trittsicherheit, Kondition und Orientierungsfähigkeit stellt. Kaum Schatten und kein Trinkwasser unterwegs, für den Rückweg nach Kaliviani nochmals 2½ Std. einkalkulieren. Gutes Schuhwerk notwendig.

Einkehr und Unterkunft: In Falássarna Tavernen und Pensionen, in Kastélli Hotels, Pensionen und Campingplatz.

Busverbindung: Kastélli – Falássarna 10.00, 17.00 Uhr, Kastélli – Plátanos viermal täglich.

Tip: Reste der antiken Hafenstadt Falássarna direkt am Meer, Siedlungsreste auch auf dem steilen Hügel nördlich der antiken Stadt.

Von den letzten Tavernen in **Falássarna** (unterhalb der an der Böschung stehenden Taverne eine ergiebige Quelle) führt eine Schotterstraße, vorbei an Gewächshäusern und durch Plantagen, zur 1 km entfernten antiken Stadt. Grundmauern, Gebäudereste, ein alter Thron und Sarkophag sind die letzten steinernen Zeugnisse dieser einst großen Hafenstadt. Die **Straße endet** an einem Weidezaun; nach dem Gatter führt ein schmaler Fußweg auf den nördlich gelegenen Hügel hinauf und erreicht nach einer guten halben Stunde eine etwa 200 Meter hoch gelegene **Geländeterrasse**, die links steil zum Meer hin abbricht. Ein schmaler, aber meist gut sichtbarer Weg (*Steinmännchen* als Markierung) zieht sich nun, in einer Höhe von 150 bis 200 Metern, durch das fast ebene Gelände nach Norden. Ein tiefer Graben, etwa 250 Meter breit, wird mittels eines kurzen Abstieges durchquert; der Weg führt an der gegenüberliegenden Seite nahe an den **gelblichen Felsen** wieder nach oben. Der schmale Weg endet an einem kleinen Verschlag, einem kleinen, direkt unter die Felsen gebauten Ziegenstall, den wir durchqueren müssen, um oberhalb der Felsen auf die andere Seite des Grabens zu gelangen. Für einen eventuellen Rückweg sollte man sich diese Ausstiegsstelle sehr gut einprägen. Weiter in leicht fallendem Gelände, mit freiem Blick nach Westen übers Meer und hinab zur steilen Küste, führt uns der schmale Weg hinunter und zwischen Felsblöcken hindurch bis zu einer kleinen **felsigen Bucht** (bis hierher 2½ Stunden). Bis hierher wird dieser Weg wohl überwiegend von Hirten benützt. Vor uns wird nun ein wilder, nicht begehbarer Küstenstreifen sichtbar; vom fast 800 m hohen **Geroskinos** ziehen steile Fels- und Geröllflanken nach unten, die im unteren Teil steil ins Meer abfallen, immer wieder von Gräben und Felsbändern durchzogen. Hier gibt es kein Durchkommen. Aus unserer Bucht aber zieht sich ein steiler Graben hinauf bis zum Beginn der Felswände – an seinem rechten oberen Rand gelangen wir in einer Dreiviertelstunde auf kleinen Ziegenpfaden recht gut bis direkt *unter* die **Felswand**. Hier führt ein deutlicher Fußweg in einer Höhe von etwa 200 m meist knapp unterhalb der Wände nach Norden. Es geht zum Teil über Felsblöcke und durch dichtes Gestrüpp – die Felsrippen, die von oben herabziehen, müssen unterhalb umgangen werden, aber immer wieder führt der Weg *nahe* den **Felswänden** entlang. Geröllfelder werden gequert, und es braucht schon ein gutes Gespür für das Gelände, um den Weg nicht zu verlieren – nur vereinzelt zeigen *Steinmännchen* den richtigen Weg an. Nach fast 1½ Stunden Querung führt ein steiles Geröllfeld hinauf in eine enge **Felsscharte**, in ihr steht ein großes *Steinmännchen*. Durch sie hindurch und über eine breite Felsenrinne am oberen Rand hinab. Immer auf der rechten Seite, dicht an den Felsen, führt der Weg schräg nach unten, quert eine steil abbrechende Rinne an ihrem oberen Rand, und gelangt auf einen freien Hang. Vor uns sehen wir die Lagune von **Gramvoússa**. Die Felsen, die steilen Geröllfelder, das ständige vorsichtige Gehen im schwierigen Gelände, das Auf und Ab und das Suchen nach dem richtigen Weg, das alles ist jetzt vorbei. Über Sanddünen und durch Gestrüpp geht es jetzt hinab zum weißen Korallensand, hellblau- bis türkisfarbenes Wasser erwartet uns – welch ein Gegensatz. Allerdings wird dieses schöne Bild durch den vielen Müll und die häufigen Teerklumpen am Strand getrübt. Im Sommer, wenn einige Badetouristen, die sich meist mit dem Boot hierherbringen lassen, anzutreffen sind, hat auch eine kleine Bar geöffnet und bietet Getränke an. Rückweg wie Tour 5.

8 Von Sirikári nach Polirinía

Durch die Tsikhlianá-Schlucht zur dorischen Bergfestung

Sirikári – Tsikhlianá-Schlucht – Polirinía

Ausgangspunkt: Sirikári, 19 km südlich von Kastélli.
Gehzeiten: Sirikári – Schluchtanfang ¾ Std., Schlucht 1 Std., Schluchtende – Polirinía ¾ Std., Besteigung des Hügels von Polirinía ½ Std.; Gesamtgehzeit 2½ bis 3 Std.
Höhenunterschied: Abstieg 330 m, Aufstieg 220 m.
Anforderungen: Leichte Bergwanderung.
Einkehr und Unterkunft: Restaurants und Hotels in Kastélli. Taverne in Polirinía, Kafenion in Sirikári.
Busverbindung: Kastélli – Sirikári zweimal wöchentlich, Kastélli – Polirinía zweimal täglich.

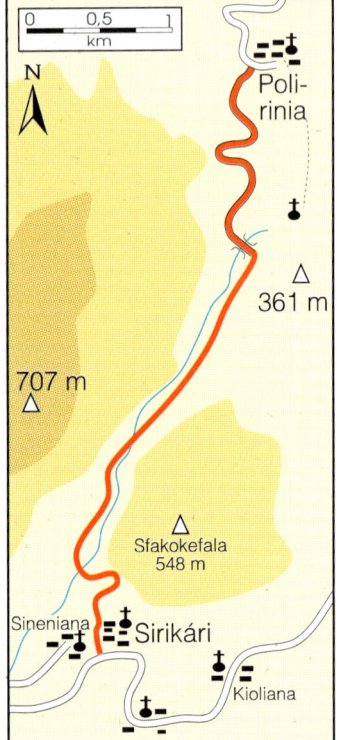

Trotz des mit öffentlichen Verkehrsmitteln etwas schwer erreichbaren Ausgangspunktes ist diese Unternehmung eine der lohnendsten Wanderungen im Westen Kretas. Sie kombiniert die Eindrücke einer imposanten Schluchtbegehung mit einem klassisch schönen Panoramablick vom Hügel der dorischen Bergstadt Polirinía.
Der Weg beginnt in dem kleinen Bergdorf **Sirikári**. Vom Ortsende gehen wir zu der 10 Minuten entfernt gelegenen Kirche. Genau gegenüber dem Kirchentor beginnt unser Weg hinab in den Schluchtgrund. Wir durchschreiten einen Zaun und steigen auf einem gut erkennbaren Weg über Terrassen abwärts. Nochmals durch einen Zaun, überquert der Pfad einen breiteren Weg und gabelt sich dann. Wir wandern links in Richtung der gegenüberliegenden Gebäude. Abermals durch einen Zaun, bringt uns der Weg hinab zum Bach. Auf der anderen Seite steigen wir hoch zu einzelnen Häusern. Am untersten Haus rechts vorbei und nach 40 Metern bei Steinen nach links, abwärts in die Schlucht.

Blick aus einer Höhle am Weg die Tsikhlianá-Schlucht aufwärts.

Nachdem wir ein Gatter durchschritten haben, bekommen wir einen ersten Eindruck von der grandiosen Kulisse der **Tsikhlianá-Schlucht**. Bei einem zerfallenen Steg wechseln wir auf die andere Seite des Baches. Es läßt sich bequem wandern auf dem Weg, der nach 1½ Stunden leicht anzusteigen beginnt, bis er bei einer kopfsteingepflasterten **Bogenbrücke** wieder das Bachbett erreicht. Wir überqueren die Brücke und können in der Ferne schon die Häuser von **Polirinía** sehen. Durch einen Zaun, an einem Brunnenrohr vorbei, erreichen wir einen Fahrweg, der uns hinauf ins Dorf bringt. Bei der Brunnenanlage am Ortsanfang finden wir auch gleich eine Taverne mit einer schönen Terrasse. Eine Rast tut gut, bevor wir den Aufstieg auf den Hügel über dem Dorf beginnen. Wir gehen von der Taverne ins Dorf bis zu einem kleinen Kafeníon. An diesem steigen wir links die steilen Treppen hoch bis zum Friedhof. Hier beginnt ein Weg, der sich rechts um den Berg hochschraubt. An altem Gemäuer vorbei, können wir nach einer halben Stunde den göttlichen Rundumblick vom Gipfel genießen.

9 Rund um die Topólia-Schlucht

Im Bergland hinter Kastélli

Katsamatádos – Mourí – Voulgáro

Ausgangspunkt: Katsamatádos oder Topólia (ca. 12 km von Kastélli).
Gehzeiten: Topólia-Schlucht ½ Std., Katsamatádos – Paß 1 Std., Paß – Mourí 1½ Std., Straße Mourí – Voulgáro 1 Std.; Gesamtgehzeit 3½ bis 4 Std.
Höhenunterschied: Aufstieg 270 m, Abstieg 450 m.

Anforderungen: Größtenteils unschwierig. Mäßig schwieriger Weg mit kurzer Kletterei in einer Schlucht (½ Std.).
Einkehr und Unterkunft: Restaurants /Hotels in Kastélli, Tavernen in Katsamatádos und Voulgáro, Kafeníon in Mourí.
Busverbindung: Kastélli – Topólia zweimal täglich.

Der eigentliche Ausgangspunkt unserer Wanderung ist Katsamatádos. Besonders beeindruckend ist aber schon die Fahrt durch die Topólia-Schlucht, und wer die atemberaubende Schlucht näher erleben möchte, dem empfiehlt es sich, bereits in Topólia den Bus zu verlassen und zu Fuß auf der Straße durch die Schlucht zu laufen (½ Stunde). 1,9 km nach Topólia und 400 Meter vor dem Ortsschild von Katsamatádos führt ein Steig hoch zur **Agia-Sophía-Höhle** (10 Minuten), die man auf keinen Fall übersehen sollte. In die Tropfsteinhöhle ist ein Kirchlein hineingebaut, und von ihr hat man einen schönen Ausblick auf die Schlucht.

Kurz vor Katsamatádos führt ein Steig hoch zur Agia-Sophía-Höhle.

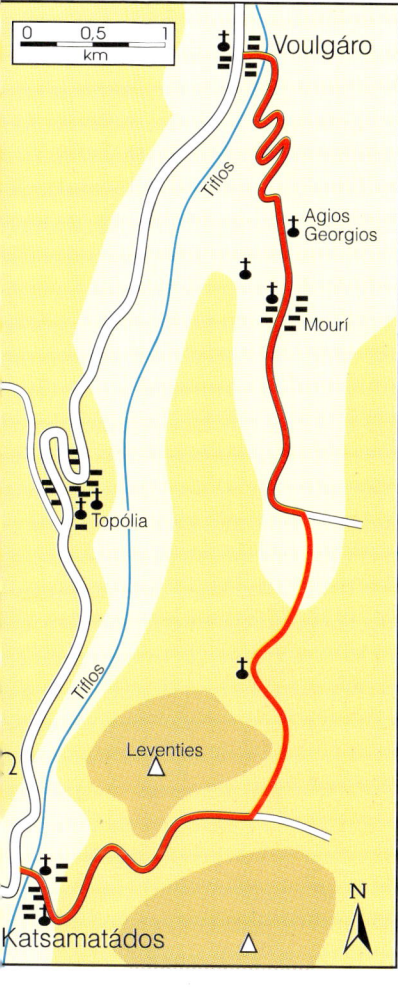

300 Meter hinter dem südlichen Ortsschild von **Katsamatádos** führt ein Betonweg über eine Brücke in den Ort. Am kleinen Kafeníon geradeaus vorbei, überqueren wir bei einer Kirche auf einer Betonbrücke den Weg. Nach 10 Minuten bei einer Gabelung geradeaus weiter, der Bachlauf bleibt links. Ein Viehgatter wird durchquert, es geht weiter hoch. Nach 25 Minuten schwenkt der Fahrweg nach links, an einer Steinhütte und Holztrögen vorbei, durch einen Zaun. Die Schotterstraße aufwärts, im Rückblick sehen wir die Häuser von Katsamatádos. Nach einer Stunde durchschreiten wir oben auf dem **Paß** ein Gatter. Wir biegen nun links auf den wenige Meter weiter unten befindlichen Fahrweg ein (rechts geht es in den Ort Sásalos). Nach 8 Minuten schwenkt der Weg nördlich in einen Taleinschnitt, links sind Weinberge. Wenig Minuten später übersteigen wir einen Drahtzaun und stehen vor dem Kirchlein **Agios Athanásios**. Wir folgen dem Pfad im Verlauf des stark eingeschnittenen Bachbetts oder gehen direkt in diesem, wenn der eingewachsene Pfad zu mühselig wird. Nach ca. 20 Minuten der **Schluchtbegehung** verläuft eine Rohrleitung an der linken Schluchtwand. Zeitweise müssen beim Abklettern die Hände benutzt werden. Nach einem Viehgatter ist es nicht mehr weit, bis wir auf einen Fahrweg treffen. Hier gehen wir nach links und folgen dem Weg nach Mourí.

Nach 2 Stunden 20 Minuten erreichen wir die Häuser von **Mourí**. Auf der sehr wenig befahrenen Asphaltstraße verlassen wir den Ort in Richtung **Voulgáro**, in das wir nach einer weiteren knappen Stunde gelangen.

10 Von Katohóri nach Stílos

Durch die Díktamos-Schlucht

Katohóri – Díktamos-Schlucht – Stílos

Ausgangspunkt: Katohóri, 300 m. Das Dorf liegt etwas unterhalb der Verbindungsstraße von Kondopoúla nach Kámbi in einem fruchtbaren Talboden an den nördlichen Ausläufern der Weißen Berge, 20 km von Haniá entfernt.
Gehzeiten: Bushaltestelle – Dorfplatz 20 Min., Dorfplatz – Schluchtende 2½ Std., Schluchtende – Straße – Stílos 20 Min.; Gesamtgehzeit 3 Std. 10 Min.
Höhenunterschied: 250 m.
Anforderungen: Leichte Schluchtwanderung, allerdings ohne Weganlage, gutes Schuhwerk notwendig, teils nasse Passagen, überwiegend schattig, nach längeren Regenfällen nicht möglich.

Einkehr und Unterkunft: Kafenía und Tavernen in Stílos und Néo Horió, Hotels und Campingplätze in Haniá.
Busverbindung: Haniá – Kámbi 6.00 Uhr. Stílos – Haniá 11.15 Uhr, 16.20 Uhr, 17.30 Uhr, an Wochenenden 11.15 Uhr, 16.20 Uhr, 18.30 Uhr. Vom Winter- zum Sommerfahrplan ändern sich die Fahrzeiten (nicht im Fahrplan enthalten). Wegen der schlechten Anbindung von Katohóri empfiehlt es sich, die Wanderung in der angegebenen Richtung durchzuführen.
Tip: Hoch über der Soudhá-Bucht die antike Stadt Aptera, kurz vor Stílos eine byzantinische Kirche sowie Reste einer minoischen Stadtanlage.

Neben dem Frühjahr mit seiner üppigen Blütenpracht – besonders am Beginn der Wanderung – und dem späten Herbst mit seiner herrlichen Laubfärbung, die fast an unsere Alpentäler erinnert, bietet sich diese Tour auch in der heißen Jahreszeit als eine ideale Ergänzung zum Badeurlaub an. Es empfiehlt sich deshalb, den frühen Morgenbus von Haniá aus zu benutzen. Von Maláxa kommend, hält der Bus vor einer kleinen Brücke; nun

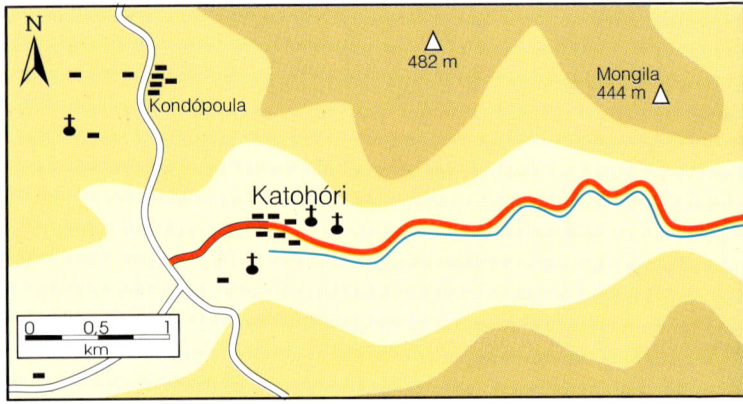

zu Fuß weiter ein Stück geradeaus (Schild: *Haniá 21 km*), bis an einer scharfen Kurve links eine Betonstraße, vorbei an einer kleinen Kapelle, zum Dorf **Katohóri** führt. Das Kafeníon am Dorfplatz, der von hohen Platanen beschattet wird, scheint meist geschlossen zu sein. Rechts am Kafeníon vorbei geht es Richtung Norden, auf einen auffallenden Felsvorsprung zu; einem Fußweg folgend wandern wir an Gärten und Orangenhainen vorbei, leicht talabwärts auf die schon sichtbare Schlucht zu. Das Gelände ist hier noch sehr weitläufig, einzelne Baumgruppen lassen den Blick frei Richtung Südost auf die ersten Gipfel der Weißen Berge. Anfangs begleitet uns ein wasserführender Bach, der hin und wieder überquert werden muß – tiefere Wasserstellen umgehen wir (immer wieder *blaue Pfeile*). In der Schlucht selbst versiegt der Bach, ausgewaschene Felsgebilde und polierte Wurzelstöcke weisen aber darauf hin, daß wohl vor allem im Frühjahr und nach längeren Regenfällen einiges Wasser hier durchfließt. Nach etwa einer Stunde weitet sich die Schlucht für kurze Zeit zu einem größeren Kessel, und wir sehen mehr von der phantastischen Landschaft. Fast immer im Schatten der großen Platanen, wandern wir fast 3 Stunden, bis sich die **Schlucht** endgültig **verbreitert** und flaches Gelände vor uns liegt. Der *blauen Markierung* folgend, geht es rechts aus dem Bachbett hinauf auf den parallel verlaufenden Fahrweg. Nur wenige Minuten und wir überqueren wieder das Bachbett an einer Weggabelung und stoßen links oberhalb des Bachbettes auf einige Häuser. An ihnen vorbei rechts ab auf einen betonierten Fahrweg, der uns nach weiteren 10 Minuten auf die Verbindungsstraße nach **Stílos** bringt, das wir auch nach weiteren 10 Minuten erreichen.

In Stílos fließt reichlich Wasser; die ergiebigen Quellen werden für kleine Getränkebetriebe genutzt, und die riesigen Platanen mit ihrem angenehmen

Schatten sind ebenfalls Nutznießer dieses Wasserreichtums. Direkt am Platz bietet sich eine Taverne für eine gemütliche Pause bis zur nächsten Busabfahrt an. Vom nur 20 Minuten entfernten Dorf Néo Horió fahren ebenfalls Busse zurück nach Haniá.

Bei Anfahrt mit eigenem Fahrzeug empfiehlt es sich, die Wanderung von Stilos aus durchzuführen. Kurz vor Stilos das Fahrzeug an der **alten Brücke** abstellen und in der Schlucht beliebig weit nach oben aufsteigen. Bei gleichem Rückweg ergibt sich – je nach Ausdauer – eine maximale Wanderzeit von etwa 6 Stunden.

11 Von Georgioúpolis nach Likotinereá

Zu den Dörfern in Apokorónou

Georgioúpolis – Argiromoúri – Likotinereá – Selliá – Georgioúpolis

Ausgangspunkt: Georgioúpolis, Badeort an der Nordküste zwischen Haniá und Réthimnon gelegen, längster zusammenhängender Strand an der Nordküste Kretas.

Gehzeiten: Georgioúpolis – Argiromoúri ¾ Std., Argiromoúri – Likotinereá 1½ Std., Likotinereá – Selliá – Exópolis 2 Std., Exópolis – Georgioúpolis ½ Std.; Gesamtgehzeit 5 Std.

Höhenunterschied: Aufstieg 350 m, Abstieg 350 m.

Anforderungen: Leichte Wanderung, die Hälfte der Strecke führt über Teer- und Schotterstraßen.

Einkehr und Unterkunft: Großes Zimmerangebot aller Kategorien in Georgioúpolis, Zimmer in Exópolis, Tavernen und Kafenía in allen Dörfern.

Busverbindung: Georgioúpolis ist über die Schnellstraße an die Hauptbuslinie Haniá – Réthimnon mit stündlichen Fahrten angebunden.

Georgioúpolis ist mittlerweile ein sehr bedeutender Badeort geworden, was es vor allem seiner Lage am längsten Strand der Nordküste Kretas und nahe der Schnellstraße zu verdanken hat. Dementsprechend ist die Bautätigkeit und die Zahl der Tavernen, Bars und Boutiquen gestiegen. Der Dorfplatz mit den hohen Eukalyptusbäumen übt eine große Anziehungskraft auf die Touristen aus. Wer diesem oft hektischen Treiben für einen Tag entfliehen möchte, sollte die nahegelegenen Dörfer im Kreis Apokorónou aufsuchen und während dieser Wanderung die Ruhe dieser wenig spektakulären, aber reizvollen Landschaft genießen.

Wir verlassen **Georgioúpolis** Richtung Norden, am Hafen vorbei, über

Agaven mit ihren meterhohen Blütenständen unterhalb von Argiromoúri.

die neue Brücke; die Straße führt anfangs durch üppige Gärten und Obstplantagen in Windungen hinauf ins 130 m hoch gelegene alte Dorf **Argiromoúri**, direkt neben dem Dorf Exópolis. Einige Serpentinen lassen sich durch einen Fußweg abkürzen, der an den Tavernen von Argiromóuri endet. In der ersten großen Linkskurve nach der Abzweigung zur Disko biegt rechts ein schmaler Feldweg ab, der 10 Minuten später wieder auf die Teerstraße stößt, um dann in der ersten engen Serpentine rechts, steiler den Hang hinauf, zur Taverne zu führen.

Direkt neben der Taverne von **Georgia** weist ein Schild nach Likotinereá; durch die Gärten, dann den steilen Hügel hinauf. Den *blauen und roten Markierungen* folgend, steigt der Weg in einem weiten Bogen auf den 300 m hohen Hügel hinauf. Teils ist der Pfad gut zu finden, da die Reste eines früher breiten Verbindungsweges (Pflaster und Stützmauern) zu sehen sind, teils ist er zugewachsen und versteckt. Mehrere Dörfer tauchen beim Umherblicken in der hügeligen Landschaft auf, und bald weisen die ersten Gärten auf das nahe Dorf **Likotinereá** hin. Kurz vorher endet der Fußweg auf einer neu

Frühjahrsstimmung zwischen den Ruinen von Argiromoúri. Im Hintergrund der Kástro.

ausgeschobenen Straße, die wir nach 300 m rechts abwärts auf dem alten Weg wieder verlassen. Unter Olivenbäumen und an schönen Gärten vorbei, erreichen wir die Dorfstraße und folgen dieser bis zum Ende nach rechts, wo uns eine wunderbare **Aussichtsterrasse** zu einer Pause einlädt. Nach 1½-stündiger Wanderung genießen wir den prachtvollen Ausblick hinab zur Küste und ihr entlang bis zum Häusermeer von Réthimnon.

Für den Rückweg wählen wir anfangs die Straße. Durch das Dorf auf die Verbindungsstraße Kefalá – Selliá, wo auch die einzige Taverne des Dorfes liegt, und links weiter Richtung Selliá. Nach 10 Minuten, gegenüber des letzten einzelnen Hauses (es ist von einer Mauer umgeben), führt ein alter, gut erhaltener Weg den Hang hinauf zum etwas oberhalb liegenden Friedhof mit Kapelle. Von hier aus hat man einen schönen Überblick über das Dorf Likotinereá.

Man kann weiter, an der Kirche vorbei, dem alten Fußweg 10 Minuten nach oben auf den höchsten Punkt, 400 m, folgen und von dort aus den wunderbaren Rundblick über die gesamte Region genießen. Von der Kirche geht es wenige Meter über die Betonzufahrt hinab auf die Verbindungsstraße und ins nahe Dorf **Selliá**. Am Ortsende von Selliá, an der Straßengabelung, führt eine neue Teerstraße in vielen Windungen die 250 Höhenmeter hinab Richtung Exópolis. Nach der vierten Kehre (nach längerem geradem Stück), geht es in der engen Kurve links abwärts, dem hier noch erhaltenen alten Fußweg folgend auf die Verbindungsstraße Vámos – Georgioúpolis oder weiter die Teerstraße entlang ebenfalls hinab. An dieser Kreuzung halten wir uns jetzt geradeaus und erreichen nach 1 km das Dorf **Exópolis**. Wandert man am Dorfanfang rechts hinab auf die unten verlaufende Straße, so gelangt man am schnellsten zurück nach Georgioúpolis. Schöner aber ist es, links an der Kirche (schöne Aussichtsterrasse) vorbei, durch das sich an der Hangkante entlangziehenden Dorf, zu den Tavernen von **Argiromoúri** hinabzugehen; von hier in einer halben Stunde zurück zum Ausgangspunkt.

Der kleine, geschützte Hafen von Georgioúpolis im Almirós-Fluß.

12 Von Georgioúpolis zum Kournás-See

Rundwanderung über Alíkambos zum einzigen Süßwassersee Kretas

Georgioúpolis – Hambáta – Alíkambos – Kournás-See – Georgioúpolis

Ausgangspunkt: Georgioúpolis, an der Nordküste zwischen Haniá und Réthimnon gelegen.

Gehzeiten: Georgioúpolis – Alíkambos 3 Std., Alíkambos – Straßenende 1½ Std., Straßenende – Kournás-See 2¼ Std., Uferweg ½ Std., Kournás-See – Georgioúpolis ¾ Std.; Gesamtgehzeit 8 Std.

Höhenunterschied: Aufstieg 600 m, Abstieg 600 m.

Anforderungen: Anstrengende und wenig begangene Wanderung abseits der touristischen Bereiche, gute Orientierungsfähigkeit notwendig, zum Teil schlechte Wege, gutes Schuhwerk erforderlich. Im Sommer sehr heiß.

Einkehr und Unterkunft: Großes Angebot an Übernachtungsmöglichkeiten und Tavernen in Georgioúpolis.

Busverbindung: Georgioúpolis liegt an der Schnellstraße Haniá – Réthimnon, stündlich fahren Busse in beide Richtungen; die Linie Vrísses – Askífou bietet eine Ausstiegsmöglichkeit in der Nähe von Alíkambos, mehrmals täglich.

Tip: Pan Agia-Kirche aus 10. Jh. in Alíkambos; es bieten sich auch Teilstrecken dieser Wanderung an: Busfahrt Vrísses – Alíkambos, Wanderung über Kournás-See nach Georgioúpolis. Nach stärkeren Regenfällen über die Fahrstraße nach Fonés, Hambáta und weiter wie beschrieben.

Von **Georgioúpolis** geht es auf der alten Straße unter den großen Eukalyptusbäumen Richtung Vrísses. Nach 4 km, kurz vor der Einmündung auf die Schnellstraße, führt ein schmaler Tunnel unter der Straßentrasse nach links auf die andere Seite. Unter großen Olivenbäumen wandern wir den Hang

Altes Gehöft bei Alíkambos.

Der Kournás-See, der einzige größere Süßwassersee Kretas.

schräg links nach oben. Wir stoßen auf einen schmalen Weg, der im Zickzack den dicht bewachsenen Hang über erdige Felsbänder steil nach oben führt. An Verzweigungen halten wir uns immer links. 20 Minuten nach der Unterführung erreicht der Weg eine freie Geländeterrasse mit großen Kiefern und Zypressen. Weiter nach links, der Abbruchkante entlang, zu einem Weidezaun. Auf der anderen Seite beginnt jetzt ein breiterer Wirtschaftsweg. Wir folgen dem Fahrweg, von links unten kommt ein Schotterweg hinzu, und gehen rechts in einem langen Rechtsbogen nach oben. Nun gelangen wir auf eine andere Straße, die uns nach oben zum Dorf **Hambáta** bringt. An der Kirche erreichen wir die geteerte Verbindungsstraße **Fónes – Filíppou**. Auf ihr rechts an den wenigen Häusern von Hambáta vorbei. 500 m nach dem Ortsende verfolgen wir die neu angelegte Schotterstraße links aufwärts und erreichen nach 1,5 km **Alíkambos**.

Gegenüber der Schule mündet unsere Straße auf die alte Dorfstraße, der wir nach links zum Dorfplatz folgen (Einkehrmöglichkeit in einem Kafeníon, 3 Stunden bis hierher). Wer den Bus (Vrísses – Askífou) bis nahe Alíkambos benützt, kommt ebenfalls am Dorfplatz an. Richtung Osten führt eine leicht ansteigende, anfangs noch geteerte Straße in einem Linksbogen aus dem Dorf hinaus. Auf ihr bummeln wir durch Gemüsegärten und an Olivenbäumen vorbei. Nach etwa 1 km, an der ersten Verzweigung, halten wir uns rechts. 500 Meter danach steigt die Straße in einer engen Rechtskurve deutlich an und führt nach oben. Direkt in dieser Kurve zieht der alte Fußweg steil den Hang hinauf. Nach weiteren 500 Metern erreichen wir weiter oben wieder die

Schotterstraße. Auf ihr geht es fast eben etwa 3 km durch das karge Gelände, an neu erbauten Stallungen vorbei, über einen flachen Sattel, von dem ein Kamm nach links oben zum 700 m hohen Dafnokorfes hinaufzieht. An der Straßenverzweigung 200 Meter nach dem Sattel halten wir uns an einer großen Eiche nach rechts – der Wirtschaftsweg endet kurz darauf an einem alten **Gehöft**. Gegenüber von den Gebäuden liegt ein eingezäuntes kreisrundes Feld, in der Mitte eine große Zisterne und links am Rand mehrere große Bäume, die nach 1½ Stunden Gehzeit ab Alíkambos zu einer Pause einladen. Wir umrunden auf der linken Seite das eingezäunte Feld (*blaue Markierung*) und folgen genau gegenüber einem schmalen Weg, vorbei an Trinktrögen, in das mit stacheligen Eichen bewachsene, bemooste Felsengewirr. Einige Meter nach oben, rechts an einem Stall vorbei zu einer Geländekante mit freiem Ausblick. Der schmale Weg führt über einen steilen,

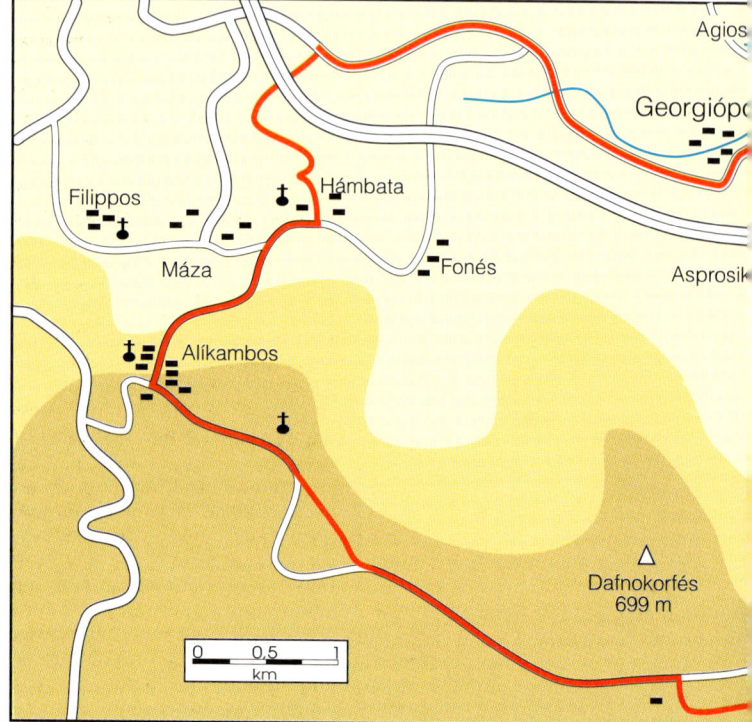

felsigen Hang, durch verbranntes Gelände, auf eine kleine Ebene hinab. Diese wird talseitig von flachen Hügeln begrenzt, während bergseitig steile Geröllfelder weit nach oben ziehen. Wir durchqueren die Ebene, gehen am Ende links leicht bergab in ein beginnendes Tal hinein, bleiben aber auf der rechten Hangseite. Über einen weiteren kleinen **Sattel** erreichen wir eine Dreiviertelstunde ab der Straße eine verfallene **Alm** mit großer Zisterne. Der bis hierher recht gut zu verfolgende Weg wird nun immer undeutlicher (häufig Verzweigungen, teils hohes Gebüsch); eine lange Hose ist hier von Vorteil. Von den Ruinen wandern wir talwärts auf der rechten Seite hinab, auf große Eichen und Olivenbäume zu, direkt danach an Mauerresten vorbei und rechts über einen Geländesattel in die etwa 50 Meter tiefer liegende, **kreisrunde** kleine **Ebene** hinab. Sie wird durchquert, auf der anderen Seite vermittelt eine schmale felsige **Scharte** den Durchstieg. Der Weg ist hier wieder deutlich zu

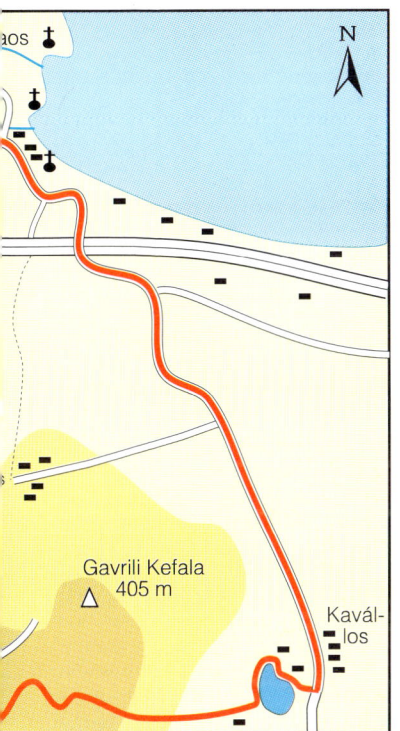

sehen und *blau markiert*. Am linken Rand, eng an den Felsen, steigen wir steil bergab in die anfangs zugewachsene Schlucht hinein, die sich bald weitet und als Geröllband nach unten auf den schon sichtbaren Kournás-See zuführt. Wir halten uns immer am linken Rand dieser Geröllpiste, erst im flacheren Gelände wird der Weg wieder deutlicher und führt in der Mitte hinab, durch eine Schafkoppel mit Hütte hindurch zum Uferweg am **Kournás-See** (ab verfallener Alm 1½ Stunden).

Nun folgen wir links dem Uferweg. Über ein freies Feld, an einer **Schleuse** den Abfluß des Sees überquerend, und auf der gegenüberliegenden Seite der Straße entlang, erreichen wir nach einer halben Stunde die Tavernen. Bei der letzten, neben dem Tretbootverleih, gute Bade- und Übernachtungsmöglichkeit. Ab hier, der Teerstraße folgend, in einer Dreiviertelstunde zurück nach Georgioúpolis. Wer an der Schafkoppel den Weg geradeaus weitergeht und die Taverne ausläßt, erreicht schneller die Teerstraße Richtung Georgioúpolis.

13 Von Argiroúpolis nach Agios Philosías und Agios Elías

Wanderung im Hinterland Réthimnons

Argiroúpolis – Agios Philosías – Agios Elías

Ausgangspunkt: Argiroúpolis, an der westlichen Grenze des Bezirks Réthimnon gelegen, 6 km südlich von Episkopí auf einem steilen Hügel, auf den Mauerresten der antiken Stadt Lappa erbaut.
Gehzeiten: Argiroúpolis – Agios Philosía 1 Std., A. Philosía – Abzweigung A. Elías 50 Min., Abzweigung – A. Elías 20 Min.,

A. Elías – Argiroúpolis ½ Std.; Gesamtgehzeit 3 Std.
Höhenunterschied: Abstieg 200 m, Aufstieg 200 m.
Anforderungen: Leichte Wanderung auf guten Wegen (meist schmale betonierte oder gekieste Nebenstraßen), viel Schatten und sehr wasserreiches Gebiet.
Einkehr und Unterkunft: Zimmer und Tavernen in Argiroúpolis und Episkopí, an der gesamten Nordküste zwischen Réthimnon und Georgioúpolis viele Pensionen und Hotels.
Busverbindung: Alte Straße von Réthimnon über Episkopí nach Georgioúpolis, zweimal täglich, Episkopí – Argiroúpolis – Asi Goniá einmal täglich.
Tip: Sehenswert vor allem der untere Teil des malerisch gelegenen Dorfes Argiroúpolis – ein großes Bergdorf, erbaut auf den antiken Resten der alten Stadt Lappa. Es liegt in einer wasserreichen und dicht bewaldeten Region an den östlichen Ausläufern der Weißen Berge, unmittelbar bevor die kargen steilen Hügel in die fruchtbare Küstenebene an der Nordküste abfallen.

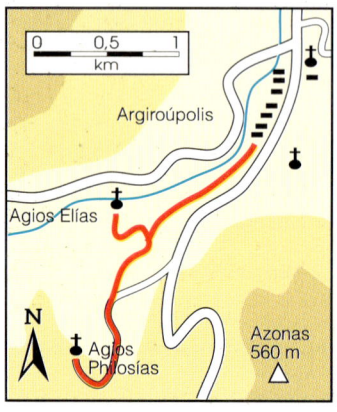

Der Kirchplatz oben im Dorf **Argiroúpolis** liegt auf einer Höhe von 300 m – hier beginnt unsere Wanderung, die ohne spektakuläre landschaftliche Besonderheiten in eine angenehm ruhige Gegend führt. Direkt hinter der Kirche bringt uns eine schmale Straße hinab ins untere Dorf. Durch enge Gassen, vorbei an Kirchen und alten Bürgerhäusern verschiedener Bauepochen, verlassen wir das Dorf in südlicher Richtung. Der betonierte Fahrweg zieht sich am dicht bewaldeten Hügel entlang, der Blick fällt weit hinab ins Tal und zu den gegenüberliegenden Bergen. Wenige Minuten nach dem Dorf halten wir uns an einer Straßenverzweigung links aufwärts und erreichen über diesen Fahrweg eine von links oberhalb (von der Verbindungsstraße Argiroúpolis – Miriokefala) kommende Schotterstraße, der wir nach rechts folgen. Sie führt zur 1 km entfernten **Kirche Philosía**. Kurz vor der Kirche

Der untere Teil von Argiroúpolis. Im Hintergrund das Kirchlein Agios Elías.

geht es an einer weiteren Verzweigung links aufwärts. Das Kirchlein liegt in einer grünen, wasserreichen Oase – ein kühler und angenehm schattiger, ruhiger Platz. Zurück wandern wir den gleichen Weg hinab bis in die Nähe des Dorfes, dann aber links auf dem ersten breiten Weg weiter zu dem auf einem kleinen Hügel gelegenen Friedhof mit der **Elías-Kirche**. 20 Minuten sind es von der ersten Abzweigung bis zur Kirche. Sie liegt auf dem Hügel, der steil in das Tal nach unten abfällt, und gewährt uns einen schönen Blick zurück zum Dorf Argiroúpolis und in das tiefe Bergtal unterhalb. Für den Rückweg nach **Argiroúpolis** brauchen wir nochmals eine halbe Stunde.

Es lohnt sich, vor der Rückfahrt noch den höchstgelegenen Teil des Ortes zu besuchen; durch den Torbogen und dann hinauf zu den Ruinen und Resten der alten Stadt – enge Gassen, schöne Innenhöfe, ein Blick hinab auf die Dächer des unteren Dorfes und weit hinaus in die Landschaft der kretischen Nordküste, das sind hier die Glanzpunkte.

14 Zum Festungsberg Bonripári

Von Monopári zur venezianisch-türkischen Festungsanlage Bonripári

Monopári – Bonripári

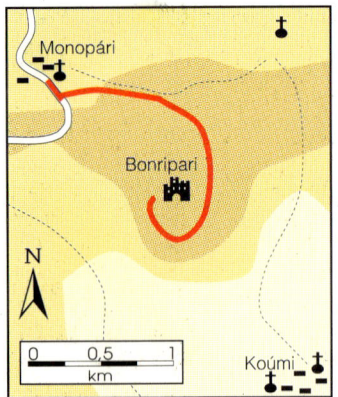

Ausgangspunkt: Monopári, 350 m, ein kleines Dorf im Hinterland von Réthimnon an der Zufahrtsstraße nach Káto Maláki, etwa 10 km von Goniá entfernt, an der alten Straße gelegen.

Gehzeiten: Dorfende – Festungsfuß ¾ Std., Aufstieg und Rundgang ½ Std., Rückweg ¾ Std.; Gesamtgehzeit 2 Std.

Höhenunterschied: 200 m.

Anforderungen: Leichte Wanderung, wenig Schatten, gute Orientierung.

Einkehr und Unterkunft: Kafenía und Tavernen in den Dörfern entlang der Zufahrtsstrecke, Zimmer aller Kategorien im nahen Réthimnon.

Busverbindung: Réthimnon – Maláki 06.00 Uhr werktags (außer in den Schulferien), gegen 16.00 Uhr zurück.

Es gibt in Kreta kaum einen geeigneteren Platz für eine Festungsanlage als den Festungsberg Bonripári, der zudem einen großartigen Rundblick ermöglicht. Er liegt inmitten der 180-Grad-Schleife eines Cañons, den der Fluß Pétres an seinem Oberlauf zwischen den Dörfern Monopári und Káto Maláki durchfließt. Über 100 Meter hohe senkrechte Felswände begrenzen das Plateau mit der Festung, das nur von Norden aus über eine Einsenkung zu besteigen ist. Um diese sozusagen verwundbare Stelle zu schließen, wurde hier von den Venezianern diese Festungsanlage gebaut, die später unter der türkischen Besatzung weiter Verwendung fand.

Vorbei an der Dorfkirche von **Monopári**, halten wir uns am Ende des Ortes Richtung Káto Maláki. Die Straße führt in einer Südkurve aus dem Dorf hinaus – in dieser zweigt links ein Fahrweg ab, der zu größeren Stallungen führt. Nach etwa 150 Metern, kurz vor einer großen neugebauten Zisternenanlage, biegt an einem großen Johannisbrotbaum links bergauf ein alter Fußweg mit abgetretenen Felsplatten und Begrenzungsmauern ab – ein Ausflug in eine andere Zeit. Anfangs geht es im Schatten großer Oliven- und Johannisbrotbäume, vorbei an Felsen und mit Blick auf den Festungsberg, den Hügel entlang. Nach einer Bachquerung in einem kleinen Seitental verzweigt sich der Weg. Wir steigen links ein Stück aufwärts und wandern dann meist eben in freiem Gelände auf die **Talsenke** vor dem Festungsberg zu. Aus der Talsenke zieht zu den Ruinen der Anlage ein Geländerücken

Blick von der Festung Bonripári über den Cañon des Flusses Pétres nach Westen zu den Weißen Bergen.

hinauf; auf ihm führt ein schmaler Weg nach oben. Vorbei an einem alten Turm und über ein kurzes Steilstück gelangen wir auf das flache Plateau. Es bietet eine überwältigende Aussicht nach allen Seiten, vom Kretischen Meer im Norden über die Gebirgsgruppen im Osten und Süden bis hin zum Beginn der Weißen Berge im Westen. Bei der Umrundung des Plateaus kann man immer an der Abbruchkante entlang gehen und hat so einen ständigen Tiefblick in die mehr als 100 Meter tiefe Schlucht, die sich um den Festungsberg **Bonripári** windet. Auf gleichem Weg kehren wir zurück nach Monopári. Wer Lust hat, kann noch einen Ausflug in den Cañon anhängen, man braucht nur die Straße hinab in das enge Flußtal fahren: Von dort kann man die Schlucht auf schmalen, verwachsenen Ziegenpfaden durchwandern, ein schwer zu findender Steig beginnt an der Brücke und führt meist auf der rechten Talseite etwas oberhalb des Bachlaufes talaufwärts. Der Talgrund ist völlig zugewachsen, tiefere Wasserstellen und im oberen Teil des Cañons eine unbegehbare enge Klamm zwingen zum Ausweichen in den steilen Hang.

15 Prassanó-Schlucht – Cañoning bei Réthimnon

Zwischen glattgeschliffenen Felsen und Oleandersträuchern zum Meer

Mírthios – Prassanó-Schlucht – Missíria

Ausgangspunkt: Straßenabzweigung Prassiés/Mírthios, ca. 26 km nach Réthimnon.
Gehzeiten: Straßenabzweigung – Schluchtanfang 1 Std., Schluchtbegehung 3 Std., Schluchtende – Missíria 1½ Std.; Gesamtgehzeit 5½ Std.
Höhenunterschied: 215 m.

Anforderungen: Unschwierige Schluchtdurchquerung in ausgetrocknetem Bachbett (ab Mitte Juni). Falls noch Wasser in Gumpen, evtl. 2. Paar Schuhe mitnehmen.
Einkehr und Unterkunft: Restaurants und Hotels in Réthimnon.
Busverbindung: Réthimnon – Amári ein- bis zweimal täglich.

Obwohl die Wanderung nicht schwierig ist, gehört schon ein bißchen Abenteuerlust dazu, sich über Stock und Stein durch das enge Flußbett zu »kämpfen«. Neben der Tsírita-Schlucht gehört diese Wanderung zu den schönsten in der Nähe Réthimnons. Besonders interessant ist es, wenn im Frühjahr in den Gumpen noch das Wasser steht und ein Weiterkommen nur durch Umklettern oder Durchwaten möglich ist. Spätestens im Juni ist dieser Spuk vorbei. Dann ist das Bachbett ausgetrocknet und nur die Färbungen an den bleichen Felsblöcken zeigen den sonstigen Wasserstand an.

Zum Ausgangspunkt unserer Wanderung, der **Straßenabzweigung nach Mírthios**, kommen wir am besten mit dem Bus, der von Réthimnon ins

Zwischen glattgeschliffenen Felsblöcken führt der Weg durch die Prassanó-Schlucht.

Amáribecken fährt. Bitten Sie den Fahrer, daß er Sie dort aussteigen läßt. Wir gehen anfangs ungefähr 500 Meter weiter die Straße abwärts, dann einen betonierten Fahrweg nach links unten. Den Schluchteinschnitt können wir gut sehen. Um dorthin zu kommen, wandern wir zuerst weiter durch Wiesen, rechts an einer Stallung vorbei und 50 Meter nach Osten. Dann schwenken wir nach links hinab zum Bach. Große Platanen und lachsrote Oleanderbüsche säumen die Ufer auf beiden Seiten. Der Bach vereinigt sich nach kurzer Zeit mit einem größeren, von Süden hinzukommenden Fluß. Am besten wechseln wir jetzt auf die rechte Uferseite hinüber. Schon flankieren steile Felswände unseren von schattigen Platanen eingefaßten Flußlauf. Dann verengt sich das Flußbett, große abgeschliffene, wie poliert wirkende Blöcke häufen sich. Dazwischen stehengebliebenes Wasser. Wer die Wanderung im Frühjahr macht, findet schöne Badegumpen. Nach 3 Stunden Schluchtbegehung treten die Felsen plötzlich zurück und die Landschaft öffnet sich. Wir gehen noch etwa eine Stunde im Flußbett und steigen dann links hinauf zu einem Pfad, der zuerst durch Olivenhaine führt. Nach einer halben Stunde erreichen wir Gewächshäuser und eine Straße, die unter der Nationalstraße hindurchführt, um dann bei **Missiría** auf die Landstraße nach Réthimnon zu treffen. Nach einem Bad im Meer fahren wir mit einem der häufig verkehrenden Busse zurück in die Stadt.

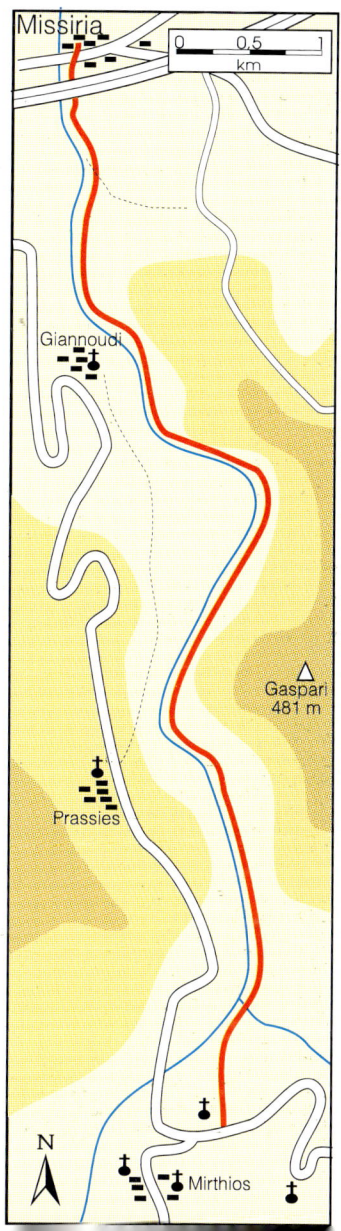

16 Die Schlucht des Tsiríta

In den Tälern nördlich des Kédhros

Patsós – Antoniushöhle – Tsiríta-Schlucht

Ausgangspunkt: Patsós, schöngelegenes Dorf im Hinterland Réthimnons mit großer türkischer Brunnenanlage, 8 km von der Verbindungsstraße vom Amáribecken nach Réthimnon entfernt.

Gehzeiten: Dorfplatz bis Schluchtanfang ¾ Std., Schluchtbegehung ¾ Std., Schluchtende bis Straße 20 Min.; Gesamtgehzeit 2 Std.

Höhenunterschied: Aufstieg 50 m, Abstieg 300 m.

Anforderungen: Einfache Schluchtwanderung, bis auf ein kurzes Stück eine neugebaute Weganlage, je nach Wasserstand müssen kurze Passagen im tieferen Wasser durchwatet werden.

Einkehr und Unterkunft: In Patsós zwei Tavernen, am Schluchteingang eine Taverne und an der Verbindungsstraße zwei Tavernen, großes Zimmerangebot in Réthimnon.

Busverbindung: Von Réthimnon einmal täglich nach Patsós und nach kurzem Aufenthalt wieder zurück, Réthimnon – Agía Galíni dreimal, zurück zweimal täglich.

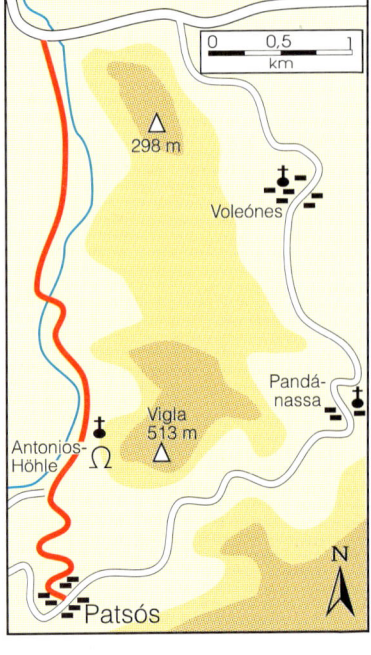

Das Dorf Patsós liegt in einem sehr fruchtbaren, hügeligen Gebiet nördlich des Kédhros-Massivs auf 500 m Höhe. Der Tsiríta hat unterhalb des Dorfes eine kurze, für Wanderer aber sehr attraktive, enge Schlucht durch das Gestein gegraben. Der obere Teil dieser Schlucht war schon immer vielbesucht, vor allem wegen der Antonius-Kapelle. Zur Zeit wird an einem Wanderweg durch die Schlucht gearbeitet – wer aber kurze Kletterpassagen über Felsblöcke und Durchquerungen von Wasserstellen nicht scheut, kann bei niedrigem Wasserstand ohne weiteres die Schlucht begehen.

Vom **Dorfplatz** aus folgen wir der Straße Richtung Karínes (Westen). An der zweiten Wegabzweigung führt nach rechts unten ein betonierter Weg. Er verfolgt anfangs eine Wasserrinne, an der ersten Verzweigung gehen wir rechts, an der nächsten (nach insgesamt 10 Minuten) nach links, immer bergab dem Wasserlauf folgend. Nach wenigen Minuten erreichen wir einen Fahrweg; auf ihm 150 Meter weiter bergab, bis neben einer alten Wasserrinne wieder ein schmaler Weg abwärts führt, den wir benützen. Unter uns ist der Schluchtbeginn schon recht gut zu sehen. Direkt neben einem breiten Gatter erreichen wir eine Schotterstraße; auf der anderen Seite des Gatters weist bereits ein Schild auf die Antonius-Kirche hin. Nach 300 Metern endet die Straße an der Taverne am **Eingang der Schlucht**.

Ein neu gebauter Fußweg mit Holzgeländer führt in die enge Schlucht hinein und erreicht über Holztreppen einen Rastplatz mit Brunnenanlage. Dahinter befindet sich die Antonius-

Blick in die Tsiríta-Schlucht.

Kapelle, die eng an eine überhängende Felswand gebaut wurde. Der teilweise sehr tief eingeschnittene Bachlauf bildet über kürzere Strecken eine nicht begehbare Klamm, hier führt der Fußweg weit oberhalb vorbei. Nach etwa 20 Minuten geht es wieder direkt zum Wasser hinab, auf die andere Bachseite und an schönen Wasserfällen vorbei. Solange der Weg nicht fertiggestellt ist, kann die Schlucht nur bei niedrigem Wasserstand begangen werden – an einigen Stellen müssen wir dennoch bis zur Hüfte im Wasser waten und über größere Felsblöcke nach unten klettern. Die **Schlucht-Durchquerung** dauert etwa eine Dreiviertelstunde, dann öffnet sich plötzlich das Tal. Der Weg führt nun am Bach entlang, unter Platanen und durch Oleandergebüsch, in flacheres Gelände hinaus. Wir gehen auf der linken Seite bachabwärts, rechts oberhalb sehen wir ein landwirtschaftliches Gebäude, dann kommen wir auf eine Schotterstraße. An einer alten Wassermühle vorbei, geht es weiter auf der linken Bachseite talabwärts. Kurz nach der Mühle führt nach rechts eine Straße über eine alte Brücke zum Dorf Voleónes. Geradeaus erreichen wir nach knapp 1 km die **Teerstraße**. Auf dieser rechts ein kurzes Stück, bis wir bei einigen Häusern mit einer Tankstelle und Bushaltestelle sowie zwei Tavernen angekommen sind.

Wer eine eigene Fahrmöglichkeit hat und die Schlucht nur von oben kennenlernen möchte, kann von Patsós aus der Straße Richtung Karínes folgen – ein kurzes Stück nach Patsós gelangt man an der ersten Straßengabelung in einem weiten Rechtsbogen nach unten zum oben erwähnten Gatter und zur Taverne am Eingang der Schlucht (Länge der Zufahrtsstrecke 2,5 km).

17 Vom Kloster Arkádi nach Thrónos

Kloster Arkádi – Symbol des Widerstandskampfes gegen die Türken

Kloster Arkádi – Thrónos

Ausgangspunkt: Kloster Arkádi, 23 km von Réthimnon.
Gehzeiten: Arkádi – Hochfläche 1 Std., Hochfläche – Thrónos 1½ Std.; Gesamtgehzeit 2½ Std.; hin und zurück 5 Std.
Höhenunterschied: 200 m.
Anforderungen: Einfache Wanderung auf Schotterstraße.
Einkehr und Unterkunft: Hotels in Réthimnon. Touristenrestaurant in Arkádi. Kafeníon in Thrónos.
Busverbindung: Réthimnon – Kloster Arkádi mehrmals täglich. Réthimnon – Thrónos einmal täglich.

Das Kloster Arkádi ist weit über die Grenzen Kretas hinaus zum Symbol für den Freiheitswillen und die Widerstandskraft des kretischen Volkes geworden. Das Bild des Klosters ziert den 100-Drachmen-Schein und alljährlich wird der 9. November in Kreta als Nationalfeiertag begangen. An diesem Tag versammelten sich 1866 unter Führung des Abtes Gavriíl die kretischen Widerstandskämpfer. Der in Réthimnon residierende türkische Pascha erfuhr von den Plänen und setzte eine 15 000 Mann starke Streitmacht in Bewegung. Die hinter den Klostermauern verschanzten 325 Männer und 650 Frauen und Kinder hatten gegen diese Übermacht keine Chance. Als das Schicksal der Gefangennahme unabwendbar war, ließ der Abt die Tore und das Pulvermagazin zünden, um quasi als Nebeneffekt soviele Türken wie möglich zu töten. Mehr als 800 Eingeschlossene fanden dabei den Tod, die restlichen Frauen und Männer gerieten in Gefangenschaft.

Unser Ausgangspunkt ist die Schotterstraße nach Kavoussi/Harkia auf der Südseite des **Klosters**. Nach kurzer Zeit führt der Weg an einem schönen Pinienwäldchen vorbei, nach einer Viertelstunde erreichen wir eine Betonbrücke. Wir gehen nicht geradeaus die Straße nach Kavoussi weiter, sondern biegen links ab. Nach 20 Metern zweigt eine breite Straße rechts ab. Wir entscheiden uns aber für die schmale Schotterstraße, die rechts neben einem eichengesäumten Bachbett entlangführt. Die Schotterstraße zieht sich sachte aufwärts, durch karges, mit niederem Gesträuch und Felsen gesprenkeltes Weideland. Wir bleiben immer auf dem Hauptweg, Wegabzweigungen nach rechts oder links lassen wir unberücksichtigt. Ungefähr nach einer Stunde können wir einen letzten Blick zurück auf das Kloster Arkádi werfen, dann erreichen wir eine **Hochebene**.

Hier gabelt sich die Schotterstraße: wir nehmen die Abzweigung nach rechts. Die Straße windet sich jetzt in Kehren bergab; in der Ferne können wir schon den terrassierten Hügel, auf dem Thrónos liegt, erkennen (oben ein Sendemast). Nach einer Viertelstunde Abwärtsgehen stoßen wir auf die neue Fahrtrasse. Es ist die anfangs erwähnte Straße, die bei der Betonbrücke abzweigt und in Autobahnbreite durch die Landschaft zieht. Die Wunde, die

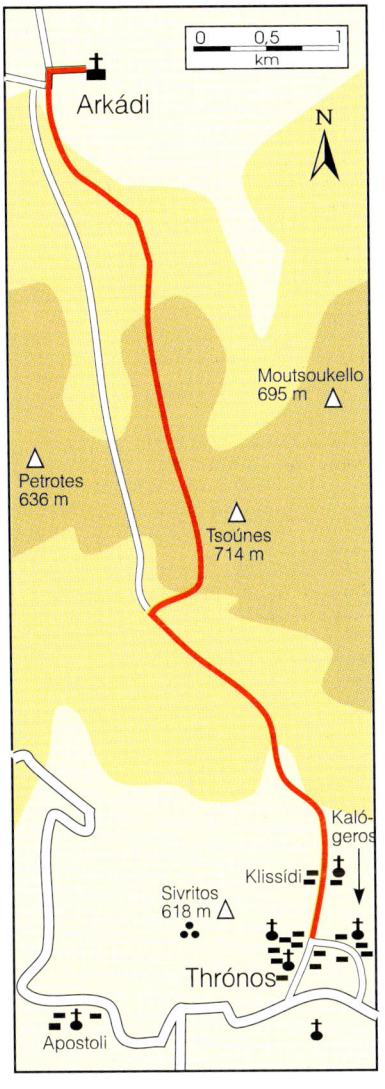

scheinbar sinnlos in die Landschaft geschlagen wurde, macht betroffen, da keinerlei Bedarf für diese Straße erkennbar ist. Abraumhalden sind bedenkenlos über den Hang geschoben worden, von Erosionsrinnen zerfurcht wie in einer Mondlandschaft, in diesem sonst so homogenen Landschaftsbild. Sind das die Gelder des Aufbauprogramms Mittelmeer, welche die EG zur Verfügung stellt?

Wir gehen auf dieser Trasse weiter, bis wir nach einer langen Rechtskurve zur **Quelle Petra Sto Nero** kommen. Dem heilkräftigen Wasser wird nachgesagt, daß es gegen Nieren- und Gallenbeschwerden hilft; ein Tisch mit Bänken lädt zur Rast ein. Nach der Quelle wird die Vegetation grüner und üppiger. Wir gehen auf der Schotterstraße weiter – ein großer Straßenbogen kann auf einem Maultierpfad, der rechts abzweigt, abgekürzt werden. Sonstige Abzweigungen von Feldstraßen lassen wir unberücksichtigt und erreichen wenige Minuten später die Häuser von **Klissídi**. Bei der folgenden Straßengabelung (Bushäuschen) gehen wir 10 Minuten nach rechts hinauf, dann befinden wir uns im Ort **Thrónos** am nördlichen Rand des Amári-Beckens. Sehenswert in Thrónos sind die Fragmente eines frühchristlichen Fußbodenmosaiks. Es ist römischer Boden, denn auf diesem Grund lag einst die römische Stadt Sybrita. Von diesem Platz hat man einen schönen Blick auf das gegenüberliegende Dorf Kalógeros, vor dem Hintergrund des Psilorítis-Massivs.

18 Auf den Koutsotroúlis, 1083 m

Bergwanderung im Kouloúkonas-Gebirge

Kampós Apladianá – Apladianá – Koutsotroúlis

Ausgangspunkt: Apladianá, 250 m, kleines Dorf im Tal des Milopótamos-Flusses

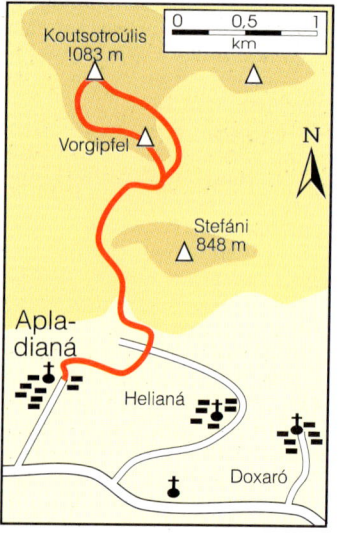

nördlich des Psilorítis-Massivs, 16 km von Peramá entfernt.

Gehzeiten: Kampós Apladianá – Apladianá 20 Min., Apladianá – Zisterne ½ Std., Zisterne – Sattel 1 Std., Sattel – Vorgipfel 1 Std., Vorgipfel – Hauptgipfel ¾ Std.; Gesamtgehzeit 6 – 6½ Std.

Höhenunterschied: Aufstieg 800 m, Abstieg 800 m.

Anforderungen: Leichte, aber mühsame Bergbesteigung, meist im weglosen, steilen Hanggelände, im Sommer sehr heiß, kaum Schatten, unterwegs kein Wasser.

Einkehr und Unterkunft: Zimmer in Apladianá und Kámpos Apladianá, Tavernen in allen Dörfern entlang der alten Straße, viele Geschäfte, Tavernen, Kafenía und Zimmerangebote in der Kleinstadt Peramá.

Busverbindung: Auf der alten Straße zweimal täglich von Réthimnon nach Iráklion und umgekehrt.

Tip: Melidóni-Höhle bei Peramá, minoische Landhäuser von Tylissos bei Agios Mámas, Bergdorf Axos (Reste einer großen dorischen Stadtanlage).

Das Flußtal von Peramá nach Osten bietet eine üppige, einzigartige Gartenlandschaft mit Orangen- und Zitronenplantagen, dichtem Baumbestand, Weinfeldern und noch vereinzelt rauchenden Köhlerhügeln. Einen krassen Gegensatz dazu bilden die Kouloúkonas-Berge – sie sind karg, trocken und absolut einsam, bieten dafür aber schöne Rundblicke nach allen Seiten. Ausgangspunkt für unsere Bergbesteigung ist das an der alten Straße nach Iráklion gelegene **Kámpos Apladianá**, von dem aus noch eine Straße zum etwas höher gelegenen **Apladianá** führt. Vom Kafenión folgen wir der Dorfstraße, gelangen zur Kirche und oberhalb von ihr zum Friedhof. Von dort geht es über viele Terrassen unter großen Olivenbäumen auf das Bergmassiv nach oben zu. Wir gehen auf den deutlichen Taleinschnitt zu. Am Ende des Olivenhains verläuft der Weg an einem Maschendrahtzaun entlang, führt nach rechts über ein Bachbett und auf eine etwas oberhalb liegende große

Köhler beim Löschen von Holzkohle im Tal des Milopótamos-Flusses.

Zisternenanlage hin. Zurückschauend hat man jetzt einen schönen Überblick über das Dorf, die Tallandschaft und das Psilorítis-Massiv im Süden. Der neu angelegten Schotterstraße folgen wir ein Stück, bis sich der auf der rechten Seite verlaufende Ziegenpfad in den Taleinschnitt nach oben hineinzieht. Der Weg verläuft im steilen Tal neben einem trockenen Bachbett bergauf. Mit der üppigen Flora ist es vorbei, stattdessen macht sich die typische Vegetation der Trockenregion breit: kleine Eichen, Zistrosen, Gewürzkräuter aller Art und Salbei. Wir folgen dem schmalen Pfad eine Dreiviertelstunde steil nach oben, die Hälfte davon zum Schluß direkt im felsigen Bachbett, und erreichen auf 750 m Höhe einen kleinen, ebenen **Sattel** mit einigen großen Bäumen und einem alten Schafpferch – in der Nähe steht eine steinerne Schäferhütte in Kuppelbauweise. Weiter den Hang nach oben links querend zu dem Grat, der nach Osten herabzieht. Durch niedriges Gestrüpp, über Felsstufen und durch Geröll erreichen wir nach einer Viertelstunde den Rücken und gehen auf ihm zum **Vorgipfel**. Etwa 40 Minuten wandern wir fast auf gleicher Höhe auf dem halbkreisförmig gebogenen Kamm, bis wir an der Gipfelsäule des **Koutsotroúlis**, 1083 m, stehen. Ein schöner Rundblick: kegelartige Bergkuppen reihen sich auf, Silhouetten verschieben sich, bis sie sich in der dunstblauen Küstenlinie auflösen – der breite, mächtige Psilorítis dagegen wirkt als Barriere für die Blicke in Richtung Süden.

Als Rückweg wählen wir entweder die bereits bekannte Aufstiegsroute oder aber – interessanter, jedoch ein Stück länger – einen schmalen Weg, der in das kleine Tal südlich zwischen Vor- und Hauptgipfel hinabzieht. Er quert den Hang unterhalb des Vorgipfels und trifft auf dem Sattel bei der Schäferhütte wieder auf den bekannten Weg.

19 Vom Kloster Vosákou nach Sissés

Marmor, Kloster und Orangen

Kámbos Doxaró – Moni Vosákou – Sissés

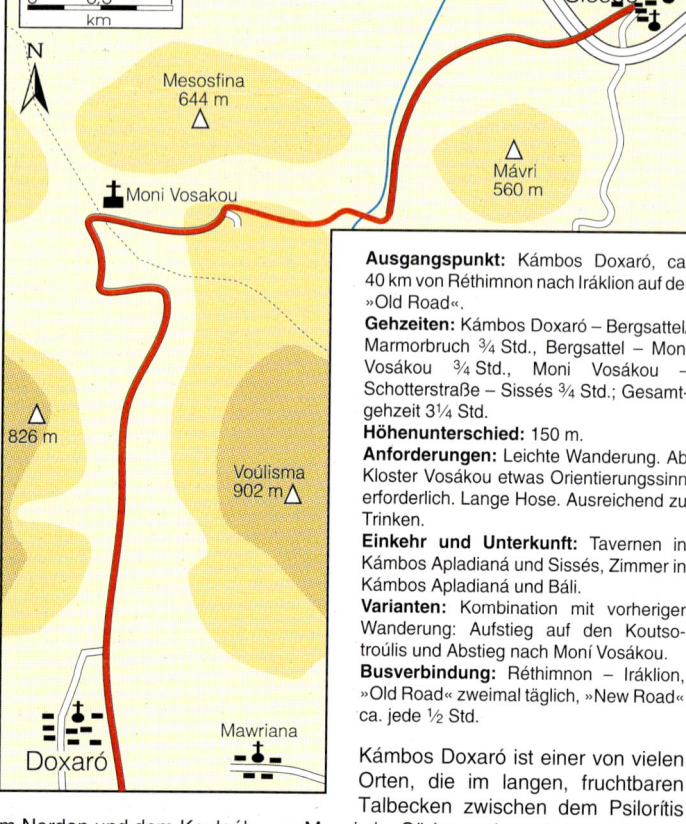

Ausgangspunkt: Kámbos Doxaró, ca. 40 km von Réthimnon nach Iráklion auf der »Old Road«.

Gehzeiten: Kámbos Doxaró – Bergsattel/Marmorbruch ¾ Std., Bergsattel – Moni Vosákou ¾ Std., Moni Vosákou – Schotterstraße – Sissés ¾ Std.; Gesamtgehzeit 3¼ Std.

Höhenunterschied: 150 m.

Anforderungen: Leichte Wanderung. Ab Kloster Vosákou etwas Orientierungssinn erforderlich. Lange Hose. Ausreichend zu Trinken.

Einkehr und Unterkunft: Tavernen in Kámbos Apladianá und Sissés, Zimmer in Kámbos Apladianá und Báli.

Varianten: Kombination mit vorheriger Wanderung: Aufstieg auf den Koutsotroúlis und Abstieg nach Moní Vosákou.

Busverbindung: Réthimnon – Iráklion, »Old Road« zweimal täglich, »New Road« ca. jede ½ Std.

Kámbos Doxaró ist einer von vielen Orten, die im langen, fruchtbaren Talbecken zwischen dem Psilorítis im Norden und dem Kouloúkonas-Massiv im Süden entlang der alten Straße von Réthimnon nach Iráklion liegen. Die Gegend ist wasserreich und neben Wein werden hier Gemüse, Obst und Zitrusfrüchte angebaut. Wer Glück hat, kann sogar den Köhlern bei ihrer Arbeit zuschauen.

Die gut erhaltenen Reste des Klosters Vosákou auf dem Weg nach Sissés.

Wir verlassen **Kámbos Doxaró** am westlichen Ortseingang, wo unmittelbar nach einer Brücke, gegenüber der Kirche, eine Schotterstraße abgeht. Diese steigt langsam in südlicher Richtung an und führt nach einer Dreiviertelstunde an einem Marmorbruch vorbei, der am Hang gegenüber liegt. Nachdem wir einen Paßrücken erreicht haben, führt die Straße kurze Zeit auf fast gleicher Höhe weiter, bevor sie langsam abfällt und in einer weiten Rechtsschleife um eine Senke herum (Eso Kámbos) zum **Kloster Vosákou** schwenkt. (Für den späteren Weiterweg sollten wir uns schon jetzt einen Überblick verschaffen. Beim Abstieg auf der Straße sehen wir gegenüber ein Seitental, zu dem auch ein Feldweg durch die Senke führt und das durch einen dahinterliegenden Berg begrenzt ist. Dieser wird später links umgangen.) Nach 1½ Stunden erreichen wir das am nördlichen Ende des Eso Kámpos gelegene **Moní Vosákou**. Außer von Schäfern, die hier ihre Schafherden versorgen, wird es nicht mehr genutzt. Für uns finden sich aber eine Menge interessanter Details, und wir können ungestört die Bauweise des Klosters mit seinen Rundbögen, Treppen und steinernen Ornamenten studieren.

Wir verlassen das Kloster am Haupttor in östlicher Richtung auf einem alten Weg. Er führt alsbald auf einen Fahrweg, der an einer Zisterne endet. Davor befindet sich eine Feldwegkreuzung. Hier gehen wir links einen leicht verwachsenen Weg hoch und kommen zu einer kleinen, mit Mauern umgebenen Hochebene, die wir geradewegs überschreiten. Anschließend führt der Pfad weiter am rechten Rand eines ostwärts ziehenden Tals, an dessen Ende eine Schotterstraße zu sehen ist. Eine Stunde nach Verlassen des Klosters erreichen wir den Fahrweg und biegen links in diesen ein. Wir bleiben stets auf diesem Weg, der schließlich in der Nähe der Schnellstraße parallel zu dieser verläuft, diese überquert und hinauf ins wieder höher gelegene **Sissés**, das bekannt ist für seine großen, saftigen Navelorangen.

Der Südwesten Kretas

Die West- und Südküste Kretas ist kaum bewohnt, sehr gebirgig und an vielen Stellen sogar unzugänglich – zahlreiche Dörfer liegen hier noch abseits der Touristenströme und sind auch für den Wanderer nur unter großem Zeitaufwand erreichbar. Touristische Bedeutung hat das Gebiet entlang der Zufahrtsstrecke von Kastélli über Perivólia nach **Hrissoskalítissas**, wo eines der schönstgelegenen Klöster Kretas steht, und weiter zum südwestlichsten Punkt, den **Elafoníssos-Inseln**.

Paleóhora, der erste bedeutende Ort an der Südküste, ist von Norden auf einer guten Straßenverbindung über Voukoliés und Kándanos erreichbar. Der lebhafte Ort erfreut sich bei Rucksacktouristen nach wie vor großer Beliebtheit – ein relativ preiswertes Zimmerangebot, schöne Strände sowie gemütliche Tavernen, Cafés und Bars lassen keine Wünsche offen. Außerdem bestehen Schiffsverbindungen nach Kastélli, zur Insel Gávdos und nach Soúgia.

Viele Jahre war **Soúgia** ein Geheimtip unter den Kennern Kretas. Der abgeschiedene Ort ist nur über eine lange Bergstraße von Norden aus erreichbar und eng an den schönen Kiesstrand gebaut, bevor die felsigen Steilabbrüche der Weißen Berge ein Weiterkommen an der Küste entlang unmöglich machen. Mittlerweile aber ist der Ort gewachsen, da ein großes Zimmerangebot, viele Tavernen, schöne Buchten und ein abwechslungsreiches, interessantes Hinterland für Ausflüge und Wanderungen immer mehr Gäste anlocken. Sehenswert sind hier die Fresken von Pagoménos in der Kirche von Moní – nur zu Fuß erreichbar hingegen ist das antike Asklepios-Heiligtum in **Lissós**.

Hóra Sfakíon, Umsteigeort für die meisten Durchwanderer der Samariá-Schlucht.

Beeindruckend ist die Weiterfahrt mit dem Schiff entlang der Steilküste nach Osten. Sie verläuft nahe der Küste und ermöglicht Einblicke in die faszinierende Bergregion. Zielhafen ist **Agia Rouméli**, der Ausgangspunkt für die Wanderung in die **Samariá-Schlucht**. Es gibt wohl keinen zweiten Ort, der durch die touristische Erschließung derart auf den Kopf gestellt wurde. Früher war Agia Rouméli ein kleines, praktisch nicht erreichbares Dorf –

Die weitläufige Klosteranlage von Préveli.

heute werden in der Saison wohl mehr als 5000 Besucher am Tag durch den klimatisch begünstigten Ort geschleust, verköstigt und umgeladen.

Über den Wanderweg Richtung Osten gelangt man entlang dem wohl schönsten Küstenbereich der gesamten Südküste nach **Loutró**. In der vorgelagerten Bucht war der Hafen des antiken Phoenix, das etwas oberhalb der Halbinsel stand – eine Stadt mit mehr als 20 000 Bewohnern. Die antiken Stätten – auch im höher gelegenen **Aradhena** –, Schluchten, Bergdörfer und eine bezaubernde Landschaft laden ein zum Baden und Wandern.

Auch die weitere Strecke nach **Hóra Sfakíon** kann man mit dem Schiff bewältigen; während der Fahrt sind zahlreiche gut besuchte Badestrände auszumachen. Der große Ort am Südostrand der Weißen Berge ist genau wie Agia Rouméli eine Drehscheibe des Tourismus – Tausende steigen hier täglich vom Schiff in den Bus um. Über die **Hochebene von Askífou** besteht die Möglichkeit einer Rückfahrt zur Nordküste bzw. der hier beginnenden Küstenstraße folgend, an der Kulisse der venezianischen Festung von **Frangokástello** vorbei, Richtung Osten. Durch zahlreiche kleine Dörfer, die sich unterhalb der kargen Berge wie grüne Oasen ausnehmen, führt die Straße weit oberhalb der Küste entlang.

Mit **Plakiás**, das an der engsten Stelle Westkretas liegt, erreicht die Straße den nächsten größeren Ort. Zahlreiche Hotels, Pensionen und Tavernen haben sich neben dem Dorf an der großzügigen Badebucht ausgebreitet. In der Umgebung lohnt ein Besuch der schönen Bergdörfer, die teilweise über enge und hohe Schluchten erreicht werden, vor allem aber der **Klöster von Préveli** mit der Palmenbucht. Die gut ausgebaute Hauptstraße von Réthimnon führt über das Dorf **Spíli** unterhalb des Kedhros-Massivs weiter nach **Agia Galíni**. Eine schöne Landschaft, die gleichwohl zum Wandern und Baden einlädt – einige einfache Tavernen bieten hier Übernachtungsmöglichkeiten. Agia Galíni liegt am Westrand der **Messará-Ebene** und ist der etablierteste Badeort und Hafen der Südküste Westkretas.

Die Landschaft hat jetzt ein völlig anderes Gesicht – die bisher dominierenden Berge rücken in den Hintergrund, stattdessen bestimmen Gewächshäuser und ein üppiges Grün das Bild. Am Südrand der Ebene hat sich ein weiterer vielbesuchter Badeort etabliert: Früher ein Treffpunkt der Freaks, die in den Höhlen oft auch überwinterten, ist **Mátala** heute ein Ziel des Pauschaltourismus und entsprechend überlaufen. Vorbei an **Agia Triáda** und **Festós** zieht sich die hier viel befahrene Straße nach Osten durch die sanft ansteigende Messará-Ebene; linker Hand, hinter Wolkentürmen fast versteckt, liegt das gewaltige Psiloritis-Massiv. Vorbei am weitläufigen Gelände von **Górtys**, der ehemals römischen Provinzhauptstadt, geht es durch das hügelige Hauptweinanbaugebiet Kretas zur flachen Nordküste bei Iráklion. Am rechten Rand begrenzen die **Asteroússia-Berge** die Messará-Ebene – sie bieten dem Wanderer eine ganze Reihe von lohnenden Ausflugszielen.

Fischerboote im Hafen von Agia Galíni.

20 Vom Kloster Hrissoskalítissas nach Paleohóra

Über das Kap Kriós im Südwesten Kretas

Moni Hrissoskalítissas – Kap Kriós – Giálos – Paleohóra

Ausgangspunkt: Straße zwischen Moni Hrissoskalítissas und Elafoníssi (Abzweigung bei umzäuntem Pferch 3,5 km nach Moni Hrissoskalítissas und 1,5 km vor Elafoníssi).

Gehzeiten: Moni Hrissoskalítissas – Kapelle 1 Std., Kapelle – Querung Schotterstraße ¾ Std., Schotterstraße – Agios Ioannis – Giálos ½ Std., Giálos – Paleohóra 1½ Std.; Gesamtgehzeit 4 – 6 Std.

Höhenunterschied: 400 m.

Anforderungen: Unschwierige, aber Ausdauer erfordernde Wanderung über Bergrücken.

Einkehr und Unterkunft: Restaurants und Zimmer in Moni Hrissoskalítissas, Elafoníssi, Paleohóra.

Busverbindung: Kastélli – Moni Hrissoskalítissas (in der Saison bis Elafonísi), Paleohóra – Haniá.

Der einstigen Einsamkeit beraubt: das Kloster Hrissoskalítissas.

Die Südwestecke Kretas gehört zu den bezauberndsten Zielen der Insel. Besonders die Elafoníssi genannten Inseln mit ihren weißen Sanddünen und dem seichten, türkisfarbenen Wasser sind von paradiesischer Schönheit. Und glänzend wie ein Postkartenmotiv thront das Kloster Hrissoskalítissas vor dem Blau des Himmels und des Meeres.

Wir beginnen unsere Wanderung auf der Straße von Moni Hrissoskalítissas nach Elafonísi. Von **Moni Hrissoskalítissas** sind auf dieser Straße 3,5 km (45 Minuten) zurückzulegen, bis ein Feldweg abzweigt (bei einem umzäunten Pferch und Ruinen gegenüber), der uns zu einem gut sichtbaren weißen Kirchlein bringt. In der Saison fährt der Bus teilweise bis Elafonísi – man kann den Fahrer aber bitten, an der Abzweigung zu halten. Rechts vom **Kirchlein** führt ein deutlicher Pfad *mit Markierungen* an den Fuß der Berge. Nach einem strammen Aufstieg erreichen wir auf einem Sattel eine Schotterstraße. Wir überqueren diese (*Steinmännchen*), dann den rechtsliegenden Hang hoch, bis wir oben in eine flache Senke gelangen. Nun weiter aufwärts in südöstlicher Richtung, bis sich der Blick zurück auf Elafonísi öffnet. Drei

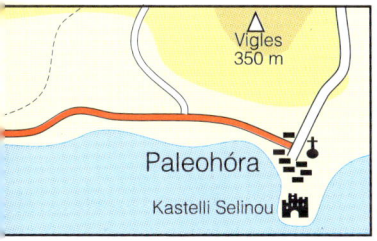

Stunden nach Beginn unserer Wanderung kommen wir etwas oberhalb einer Kapelle (**Agios Ioánnis**, schattiger Rastplatz bei Oleanderbüschen) vorbei. Nach einem halbstündigen Abstieg gelangen wir zum Strand von **Giálos**. Von dort sind es noch sieben ermüdende Straßenkilometer bis **Paleohóra** (evtl. Taxi rufen oder Mitfahrgelegenheit).

21 Von Paleohóra nach Soúgia

An der Küste des Libyschen Meeres zum Asklepios-Heiligtum in Lissós

Paleohóra – Lissós – Soúgia

Ausgangspunkt: Fahrstraße zum Campingplatz in Paleohóra.
Gehzeiten: Paleohóra – Lissós 3 Std., Lissós – Soúgia 2 Std.; Gesamtgehzeit 5 Std.
Höhenunterschied: 300 m.
Anforderungen: Unschwierige, aber

Ausdauer erfordernde Wanderung. Ausreichend Wasser mitnehmen.
Einkehr und Unterkunft: Restaurants und Zimmer in Paleohóra und Soúgia.
Busverbindung: Haniá – Paleohóra und Haniá – Soúgia.

Der erste Teil des Weges verläuft direkt entlang des Meeres – so bietet sich die eine oder andere Gelegenheit, ein erfrischendes Bad zu nehmen. Dann heißt es für eine Zeitlang Abschied nehmen von den Stränden: es geht über einen Bergrücken und zum Schluß sogar durch eine kleine Schlucht.
Wir verlassen **Paleohóra** nach Osten auf der Straße zum Campingplatz. Nach einer halben Stunde geht der Fahrweg in einen Fußpfad über. Immer am Meer entlang, weisen uns nach einer Dreiviertelstunde ein *Pfeil* und *gelbe Markierungen* nach links aufwärts. Nach insgesamt 2½ Stunden steigt der Weg an, um einen ins Meer ragenden Bergausläufer (Kap Flomes) zu überwinden. Oben stoßen wir auf einen Fahrweg, der sich nach 20 Minuten gabelt. Auf keinem der beiden Fahrwege weiter, sondern den Pfad in der Mitte weitergehen. Er führt uns hinab zur Bucht des antiken **Lissós**, das mit seinem Asklepios-Heiligtum weithin bekannt war und noch in der römischen Epoche verehrt wurde. Im Archäologischen Museum in Haniá ist eine Panstatue ausgestellt, die hier gefunden wurde. Das Ausgrabungsgelände ist allerdings umzäunt. Auf dem Weg zu der einladenden kleinen Badebucht finden wir eine kleine byzantinische Kapelle, in deren Mauerwerk so mancher

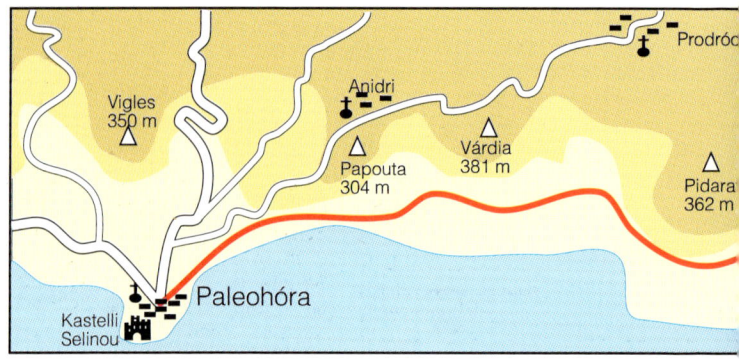

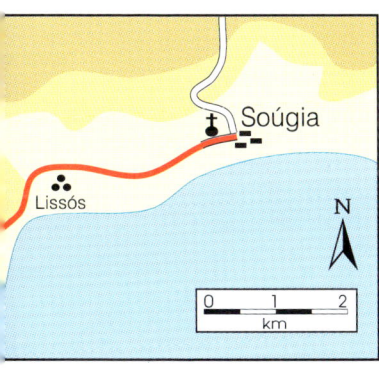

Am Libyschen Meer entlang auf dem Weg nach Soúgia.

antike Stein mit eingebaut wurde. Am antiken Gelände vorbei verlassen wir Lissós, überqueren einige Wasserläufe und steigen über mehrere Terrassen aufwärts – achten Sie hier auf die Markierung! Oben angekommen, verläuft der gut sichtbare Weg nach kurzer Zeit wieder bergab in eine kiefernbewachsene Schlucht. Durch das Bachbett erreichen wir den Fischerhafen von **Soúgia**, von wo es noch 5 Minuten bis in den Ort mit seinem schönen Kiesstrand sind.

22 Die Schlucht von Agia Iríni nach Soúgia

Am westlichen Rand der Weißen Berge

Agia Iríni – Soúgia

Ausgangspunkt: Agia Iríni, 650 m. Das Dorf liegt etwas unterhalb der Verbindungsstraße von Haniá nach Soúgia am Beginn einer tief eingeschnittenen Schlucht am westlichen Rand der Weißen Berge, etwa 30 Straßenkilometer von Soúgia entfernt.

Gehzeiten: Agia Iríni – Rastplatz 1 Std., Rastplatz – Schluchtende 1½ Std., Schluchtende – Soúgia 1½ Std.; Gesamtgehzeit 4 Std.

Höhenunterschied: 650 m.

Anforderungen: Leichte Schluchtwanderung, sehr leichte Orientierung, mehrere Bachüberquerungen, deshalb bei längeren Regenfällen nicht möglich, gute Weganlage. Vom Schluchtende bis Soúgia im Sommer sehr heiß.

Einkehr und Unterkunft: Großes Zimmerangebot sowie Tavernen und Cafes in Soúgia.

Busverbindung: Haniá – Soúgia mehrmals täglich; Bushaltestelle Agia Iríni an der Straße oberhalb des Dorfes.

Schiffsverbindungen: Paleóhora – Soúgia – Agia Roúmeli zweimal täglich.

Tip: Antike Stätte von Lissós, bei Rodováni die antike Stätte Elíros.

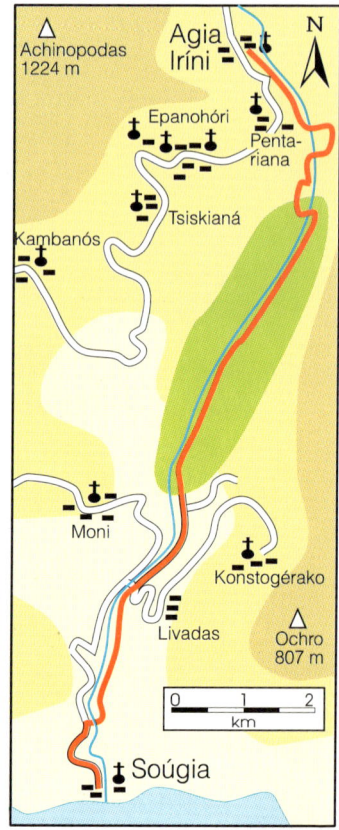

Auf der kurvenreichen Bergstrecke von Haniá nach Soúgia liegt in einem engen Tal auf 650 Meter Höhe das kleine Dorf **Agia Iríni**. Wer von der Hochebene Omalós kommt und vielleicht vergeblich versucht hat, durch die Samariá-Schlucht zu wandern, findet hier eine nicht weniger reizvolle Möglichkeit, durch eine gewaltige Berglandschaft hinab zur Südküste zu gelangen. Am südlichen Ortsende, nach einem Kafeníon direkt gegenüber dem Ortsschild, führt ein Wirtschaftsweg links steil nach unten. Es geht an der rechten Seite des hier fast immer wasserführenden Baches entlang,

Weiße Anemonen – Blütenpracht in der Schlucht von Agia Iríni.

auf den deutlichen Schluchtbeginn zu (nicht die Brücke überqueren). Der Weg wechselt öfters die Bachseite und führt unter dichtem Baumbestand, zum Teil auf einer alten Weganlage mit Stufen und Stützmauern talabwärts. Nach etwa einer Stunde erreichen wir einen **Rastplatz**, hier endet der gut ausgebaute Weg. Der weitere Wegverlauf ist meist durch *rote Wegmarkierungen*, *Pfeile* und *Steinmännchen* bestens gekennzeichnet. Er führt des öfteren ein Stück nach oben, kehrt aber immer wieder zum Talgrund zurück. Eine wahre Blumenpracht erfreut unsere Augen: Alpenveilchen, Lilien und Anemonen zu Hunderten. An wenigen Stellen muß man die Hände zu Hilfe nehmen, um über größere Felsblöcke hinwegzusteigen; aber an einem neuen Fußweg wird gebaut, so daß die Schlucht in absehbarer Zeit wohl bestens zu durchwandern sein wird. Nach 2½ Stunden Gehzeit öffnet sich die Schlucht. Erste Olivenplantagen, angelegte Terrassen und landwirtschaftlich genutzte Flächen weisen auf das erste Dorf hin. Talabwärts auf der linken Bachseite stoßen wir auf eine Schotterstraße, auf der wir unseren Weg fortsetzen. Eine kleine weiße Kapelle steht oberhalb der Straße und unten aus dem Kiesbett ragt der Bogen einer venezianischen Brücke empor. (Bei umgekehrter Wanderrichtung hier an der Weggabelung den blauen Pfeilen folgen.) Die Schotterstraße überquert das Bachbett und mündet kurz danach, neben einer Brücke, auf eine Teerstraße, die links aufwärts zum Dorf Livadás führt. 100 Meter folgen wir dieser Straße, dann wandern wir unterhalb im breiten Kiesbett weiter. Vorbei an einer wilden Müllkippe geht es dem Meer entgegen. Die letzten 20 Minuten auf der Fahrtstraße nach **Soúgia**.

23 Von Agia Roúmeli nach Hóra Sfakíon

Der Küstenweg

Agia Roúmeli – Agios Pávlos – Mármara-Bucht – Loutró – Agios Stávros – Hóra Sfakíon

Ausgangspunkt: Agia Roúmeli, am Ausgang der Samariá-Schlucht an einem schmalen Kiesstrand unterhalb der gewaltigen Steilabbrüche der Weißen Berge gelegen.

Gehzeiten: Agia Roúmeli – Agios Pávlos 1¼ Std., Agios Pávlos – Weggabelung 30 Min., Weggabelung – Mármara-Bucht 2¼ Std., Mármara-Bucht – Loutró 1¼ Std., Loutro – Agios Stávros 45 Min., Agios Stávros – Beginn der Fahrstraße 45 Min., Fahrstraße – Hóra Sfakíon 45 Min.; Gesamtzeit 7½ Std.

Höhenunterschied: 600 Meter Aufstiege, 600 Meter Abstiege.

Anforderungen: Insgesamt ein unschwieriger Küstenweg, jedoch kurze felsige Passagen, bei denen Trittsicherheit und Schwindelfreiheit notwendig ist, längere Wegstrecken im Sand bzw. im Kies, gutes Schuhwerk erforderlich, nur wenig Schatten.

Einkehr und Unterkunft: In Agia Roúmeli, Fínix, Loutró, Hóra Sfakíon.

Busverbindung: Hóra Sfakíon – Haniá mehrmals täglich, Hóra Sfakíon – Plakiás einmal täglich.

Tip: Kapelle Sotíros Christós bei Loutro auf der Halbinsel auf dem Gelände der antiken Stadt Phoenix – zahlreiche Grundmauern, Bögen und Gebäudereste zeigen eindrucksvoll die Ausdehnung und Lage dieser einst großen Stadt (20 000 Bewohner).

Der wohl bekannteste und mit schönste Abschnitt der Südküste eignet sich als Wanderung vor allem auch wegen seiner guten Erreichbarkeit durch die Schiffsverbindungen und durch die Möglichkeit, die Strecke an mehreren Stellen zu unterbrechen, in Tavernen einzukehren und auch zu übernachten. Zudem ist der Wegverlauf sehr übersichtlich und das Gelände ziemlich einfach. Einziges Handicap sind natürlich im Sommer die extremen Temperaturen und die wenigen Schattenplätze. Deshalb ist es im Sommer und Herbst ratsam, genügend Trinkwasser mitzunehmen.

Von **Agia Roúmeli** aus geht es zunächst in Richtung Samariá-Schlucht, nach den letzten Häusern verläuft der steinige Weg parallel zum breiten Bachbett. Dieses wird zwischen der alten venezianischen Brücke und dem Meer überquert, wobei der Wasserstand bis in den

Ein Linienschiff verläßt den Hafen von Loutró. Im Hintergrund Hóra Sfakíon.

Sommer hinein so hoch sein kann, daß man die Schuhe ausziehen muß. *Steinmännchen* und *farbige Markierungspunkte* zeigen den Wegverlauf an. Der sandige Pfad führt meist 20 bis 50 Meter oberhalb des Kiesstrandes den

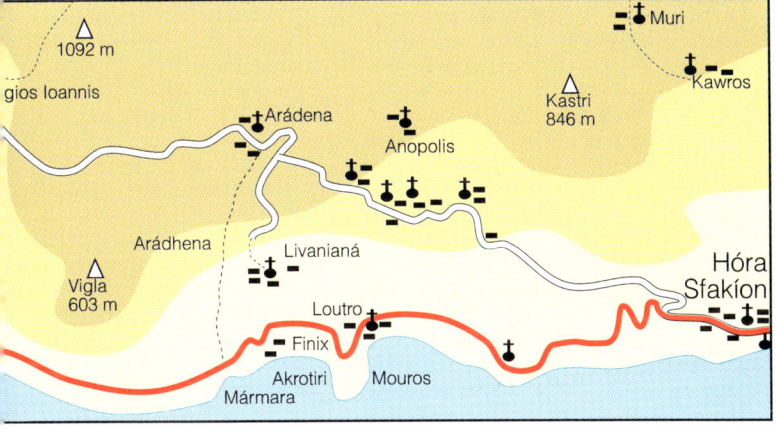

Am Ausgang der Arádhena-Schlucht.

Dünen entlang nach Osten. Mal steinig, mal sandig und öfters über große Felsblöcke hinweg, wandern wir ein längeres Stück unter großen Kiefern den Hang entlang. Zum Schluß steigen wir zum Kies- und Sandstrand hinab, nach 1¼ Stunden ist das kleine Kirchlein **Agios Pávlos** erreicht. Direkt unterhalb der Kirche strömt, meist bis in den Sommer hinein, kaltes Quellwasser aus dem Sand; nur bei stärkerem Seegang werden diese Stellen vom Meerwasser überschwemmt. Hier ist auch die letzte Bademöglichkeit, da der Weiterweg nun fast immer oberhalb des Geländeabbruches verläuft. Direkt hinter der Kirche halten wir uns ein kurzes Stück steil über die Sanddüne hinauf auf den unter großen Pinien verlaufenden Weg. Meist eben, mit weitem Ausblick auf das etwa 100 Meter tiefer liegende Meer, wandern wir so dahin, bis wir nach etwa 30 Minuten (ab der Kirche) an die **Wegverzweigung nach Agios Ioánnis** kommen. Wir bleiben auf dem unteren Weg, der uns nach ein paar Minuten zu einer großen Zisterne führt. Eine von oben herabziehende Schlucht wird auf einem etwas luftigen, felsigen Wegstück durchquert – der schmale Pfad erreicht hier, in gut 150 m Höhe, den höchsten Punkt und verläuft weiter durch den freien Hang. 2 Stunden nach der Weggabelung stehen wir am Ende der tief eingeschnittenen Arádhena-Schlucht, die in eine wunderbare kleinen Felsenbucht mündet – die **Mármara-Bucht**. Weiße Marmorbänke und türkisblaues Wasser zeichnen den beliebten Badeplatz für Sonnenhungrige aus dem nahen Loutró aus. Ein etwas steilerer Abstieg führt uns direkt in die Bucht hinein. Ein Blick nach links zwischen die beiden steil aufragenden Wände der Arádhena-Schlucht, und schon geht es wieder über Felsplatten hinauf. Das letzte

Steilstück bringt die schwierigsten Meter der ganzen Wanderung. Sehr luftig, knapp neben den 50-Meter-Abbrüchen zum Wasser verläuft der Weg auf einer Geländeterrasse und fällt steil ab zum Strand. Bei diesem Abstieg müssen die Hände zu Hilfe genommen werden. Nun gehen wir am Strand entlang auf die schon sichtbaren Häuser zu, direkt über die Terrasse der letzten Taverne und über die Haustreppe hinauf auf den Hang oberhalb. Ein weiterer Hügel muß überquert werden – weiter oben im steilen Hang sehen wir das Dorf Livanianá, unter uns die idyllisch gelegene Taverne von Fínix, dort wo der antike Hafen der gleichnamigen Stadt lag. Es folgt ein kleiner Gegenanstieg zur markanten Ruine des venezianischen Kastells hinauf, dann tut sich ein wunderbarer Ausblick auf das unter uns liegende, malerische Dorf **Loutró** auf. Nach 10-minütigem Abstieg sitzen wir an der Hafenmole in einer der Tavernen. Am östlichen Rand, bei der Taverne Tokrikri, führt der Weg nach links den Hang hinter dem Dorf ein Stück hinauf (*rote Markierung*) und verläuft dann sehr aussichtsreich, fast auf gleicher Höhe, weiter nach Osten. Nach dem Abstieg zu einem längeren Strandstück geht es etwas oberhalb des Meeres knapp an der Kapelle **Agios Stávros** vorbei (ab Loutró 45 Minuten). Ein kurzer, steiler Abstieg bringt uns wiederum zu einer langgezogenen Badebucht mit mehreren Süßwasserquellen (im Sommer ein Kiosk und Bootsverbindung nach Hóra Sfakíon und Loutró). Etwas mühsam, über Felsen und Kies, erreichen wir einen Steilabbruch, der von einem in den Felsen gehauenen Weg überwunden wird. Einige Serpentinen führen nach oben auf die von Anópolis kommende Fahrstraße. Die eher eintönige Teerstraße bringt uns in 45 Minuten nach **Hóra Sfakíon**.

Die Inlingías-Bucht ist die letzte herrliche Bademöglichkeit vor Hóra Sfakíon.

24 Von Agia Roúmeli nach Hóra Sfakíon

Über dem Libyschen Meer und unter den Weißen Bergen

Agia Roúmeli – Agios Ioánnis – Arádhena – Anópolis – Hóra Sfakíon

Ausgangspunkt: Agia Roúmeli am Ausgang der Samariá-Schlucht.
Gehzeiten: Agia Roúmeli – Weggabelung Agios Ioánnis/Loutró 1½ Std., Weggabelung – Agios Ioánnis 2½ Std., Agios Ioánnis – Arádhena 1 Std., Arádhena – Anópolis 1 Std., Anópolis – Hóra Sfakíon 2 Std.; Gesamtgehzeit 8 Std.
Höhenunterschied: 800 m.
Anforderungen: Ausdauer erfordernde Wanderung. Langer Anstieg nach Agios Ioánnis. Ausreichend Wasser mitnehmen.

Einkehr und Unterkunft: Restaurants und Zimmer in Agia Roúmeli, Anópolis und Hóra Sfakíon. Kafeníon in Agios Ioánnis.
Varianten: Statt Aufstieg nach Agios Ioánnis am Meer entlang nach Hóra Sfakíon. Von Arádhena Abstieg durch die Schlucht ans Meer möglich und weiter an der Küste. Statt Abstieg von Anópolis nach Hóra Sfakíon Abstieg nach Loutró und an der Küste weiter nach Hóra Sfakíon.
Busverbindung: Hóra Sfakíon – Haniá mehrmals täglich.

Der Weganfang ist bis zur **Wegabzweigung nach Agios Ioánnis** identisch mit Tour 23. Hier vom Küstenweg nach links (*gelb markiert*)! Der Weg schlängelt sich steil nach oben und verbreitert sich nach etwas mehr als einer Stunde schweißtreibenden Anstiegs, die alte Pflasterung kommt zum Vorschein. Nur noch leicht ansteigend führt der Weg durch Kiefern und Zypressen, bis er kurz vor **Agios Ioánnis** auf die Kirche der Panagia (rechts) stößt. Dort, wo der Weg auf die neue Schotterstraße nach Arádhena trifft, hat man aus der ehemaligen Schule ein Kafeníon gemacht. Wir können uns entscheiden, ob wir den Weg auf der Schotterstraße oder den teilweise gepflasterten Weg, der rechts unterhalb der Straße verläuft, nehmen. Bequemer geht es sich auf der Straße, auf der es knapp 5 km bis **Arádhena** sind. Das Dorf oberhalb der tiefeingeschnittenen Arádhena-Schlucht ist fast verlassen. Sehenswert ist die Kirche des Erzengels Michael. Über die neue Strahlträgerbrücke kommen wir auf die andere Seite der Schlucht. 800 Meter nach der Brücke zweigt vom Fahrweg nach rechts der Fußweg nach **Anópolis** ab. Zwei Kafenía finden wir im Ort, am Ortsausgang Richtung Anópolis gibt es auch ein Restaurant. Auf der Teerstraße nach Hóra Sfakíon verlassen wir Anópo-

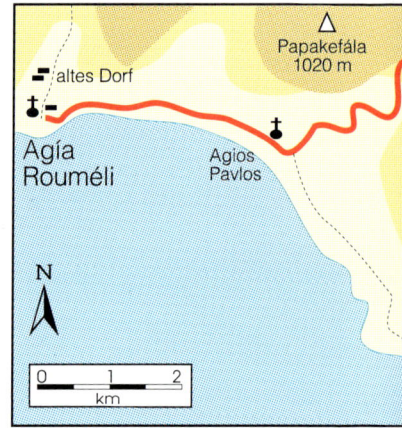

Die neue Stahlträgerbrücke über die Arádhena-Schlucht.

lis. Nach dem Ortsendeschild gehen wir 10 Minuten auf der Straße, bis bei einer Haarnadelkurve links eine Schotterstraße abwärts zu einem Pumpen-häuschen und einem langen Stall gegenüber führt. Im Taleinschnitt abwärts bis zu einem weiteren Pumpenhäuschen an einem Umspannungsmast. Dann auf der rechten Seite der ostwärts hinabziehenden Rinne abwärts, kurz auf die linke Seite und schließlich in die Rinne hinein. Eine Stunde nachdem wir Anópolis verlassen haben, stoßen wir auf eine breite, zum Meer verlaufende Schlucht (**Inlingías-Schlucht**). Gegenüber läßt sich gut der Weiterweg erkennen, auf dem wir in einer halben Stunde **Hóra Sfakíon** erreichen.

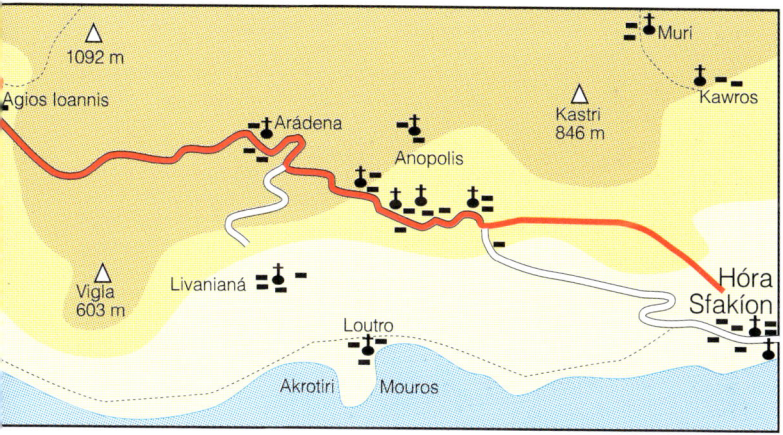

25 Durch die Arádhena-Schlucht ins Bergdorf Anópolis

Rundwanderung von Loutró über Arádhena nach Anópolis

Loutró – Mármara-Bucht – Arádhena – Anópolis – Loutró

Ausgangspunkt: Loutró, ein kleines, idyllisch gelegenes Dorf, an der Südküste zwischen Horá Sfakíon und Agia Roúmeli gelegen, nur mit dem Boot oder zu Fuß erreichbar.

Gehzeiten: Loutró – Mármara-Bucht 1¼ Std., Mármara-Bucht – Schluchtbegehung bis Arádhena 2¼ Std., Arádhena – Anópolis 1 Std., Anópolis – Loutró 1¾ Std.; Gesamtgehzeit 6 bis 6½ Std.

Höhenunterschied: 800 m.

Anforderungen: Lange Wanderung, meist gute Weganlage und leichte Orientierung, die Schluchtbegehung ist schwierig, viele kurze Kletterpassagen, mit einer höheren schwierigen Stelle, die Übung verlangt. Gutes Schuhwerk notwendig, in der Schlucht teilweise Schatten, sonst sehr sonnig. Trinkwasser nur in den Tavernen und Ortschaften sowie an einer Quelle in der Schlucht. Das ganze Jahr über möglich.

Einkehr und Unterkunft: In Loutró, Fínix, Anópolis zahlreiche Tavernen und Pensionen.

Busverbindung: Nach Horá Sfakíon mehrmals täglich, Anópolis zweimal täglich.

Schiffsverbindung: Nach Loutró mehrmals täglich.

Tip: Reste der antiken Stadt Arádhena und die Kapelle Agia Kateríni oberhalb von Anópolis mit einer wunderbaren Aussicht.

Am westlichen Rand des Dorfes **Loutró** führt von der Hafenmole ein Fußweg im engen Zickzack den steilen Hügel hinauf, überquert die Anhöhe, vorbei an der großen Zisternenanlage, und führt oberhalb der Taverne von Sifis an der Bucht von Fínix vorbei. Ein weiterer Hügel wird überschritten (Abzweigung zum Dorf Livianá, blau markiert), und es geht abwärts zur Taverne (*rote Markierung*), über die Terrasse und ein Stück am Strand entlang. Es folgt ein kurzer, etwa 50 Meter felsiger und luftiger Aufstieg und nach einer Querung von 10 Minuten und kurzem Abstieg erreichen wir die **Mármara-Bucht**, ideal für ein erfrischendes Bad. Direkt vom Kiesstrand wandern wir eben im Bachbett in die **Arádhena-Schlucht** hinein. Zu beiden Seiten erheben sich bis zu 200 Meter hohe, teils überhängende, gelbliche und rötliche Felswände. Der erste Teil der Schlucht ist sehr schattig und auch im Sommer angenehm, auf meist ebenem Kiesboden geht es den engen Cañon leicht bergauf. Felsblöcke und Gestrüpp behindern beim Wandern, und wir müssen öfters die Hände zu Hilfe nehmen. An unübersichtlichen Stellen erweisen sich die *Steinmännchen* als hilfreiche Markierungen. Nach 45 Minuten Wanderung in der Schlucht entdecken wir unter einem großen Felsblock eine kleine Quelle, an ihr vorbei nach weiteren 15 Minuten ein größerer **Talkessel** (an dessen rechtem Hang eine Aufstiegsmöglichkeit zum Dorf Livianá). Das Tal wird wieder enger, die Schlucht zieht sich in Windungen in die Berge hinauf. Die Kletterstellen werden häufiger, wobei es sich meist um leichte Kletterpartien über große, feste Kalkblöcke handelt. Im oberen Teil, nach insgesamt 1¾ Stunden Schluchtbegehung, stehen wir vor einer schwierigen Stelle; gewaltige Felsblöcke versperren den weiteren Weg. Mit Hilfe von alten Seilen und einer massiven Eisenkette überwinden wir die 12 Meter hohe Barriere; es ist sehr mühsam und anstrengend, da es sich hier um völlig blankgeschliffene Felsblöcke handelt (bei mehreren Personen empfiehlt sich die Mitnahme eines 15-m-Seiles nebst Klettergurt und einigen Karabinern; der erste kann alle weiteren Personen nachsichern, vor allem beim Abstieg). Danach mühen wir uns 20 Minuten relativ steil nach oben, bis wir hoch über uns die neue Eisenbrücke der Verbindungsstraße Anópolis – Arádhena sehen. Nur noch 10 Minuten, dann quert der alte Fußweg die Schlucht. Auf der linken Schluchtseite führt der schöne Pflasterweg in vielen Kehren hinauf in das 600 m hoch gelegene Dorf **Arádhena**, das auf den Ruinen der großen antiken Stadtanlage steht. Sehenswert die Erzengel-Michael-Kirche mit gut erhaltenen Fresken aus dem Jahre 1546. Durch die Ruinen des Ortes auf die Fahrstraße und über die Eisenbrücke auf die andere Schluchtseite Richtung Anópolis. Entweder immer diese Schotterstraße entlang (3,5 km) in etwa einer Dreiviertelstunde in das schön gelegene Bergdorf **Anópolis** oder nach 500 m rechts vor einer Steinmauer der *roten Markierung* folgend auf dem

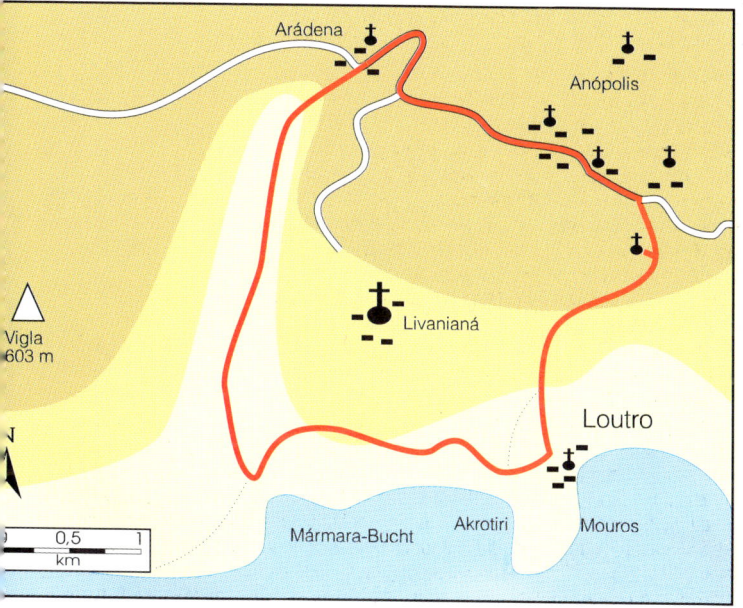

alten gepflasterten Fußweg in der gleichen Zeit ebenfalls dorthin. **Anópolis** nimmt den gesamten grünen Talgrund ein und hat bis jetzt diesen ruhigen, gelassenen Charakter trotz beginnendem Tourismus bewahrt. Vom Dorfplatz – in der Mitte das Denkmal des Widerstandskämpfers Daskalojannis – wandern wir an der Taverne vorbei, der schmalen Teerstraße folgend, auf den südlichen Ortsrand zu. Am letzten Haus führt ein alter Fußweg Richtung Südosten den steilen Hügel hinauf. Auf der Anhöhe angelangt (10 Minuten), verzweigt sich der Weg. Es lohnt sich ein kurzer Abstecher zum 100 m höher

Die atemberaubende Felskulisse der Arádhena-Schlucht.

In einem weitläufigen, sehr fruchtbaren Talboden liegt Anópolis.

gelegenen Kirchlein **Agia Kateríni**, von dem man einen wunderbaren Ausblick auf die gesamte Region der Südküste hat und fast den ganzen Verlauf der Wanderung überblicken kann. Geradeaus in vielen Kehren hinab zum 650 m tiefer liegenden Loutró. Vom östlichen Ortsrand von Anópolis mündet 10 Minuten unterhalb der Kapelle von links ein Weg ein. Kurz vor Loutró verzweigt sich unser Weg (die rote Markierung führt auf die Halbinsel oberhalb von Loutró, wo das verfallene Kastell liegt, und weiter hinab nach Fínix), hier links hinab nach **Loutró** (15 Minuten).

26 Livanianá und die Arádhena-Schlucht

Rundwanderung von Fínix über Livanianá in die Schlucht

Fínix – Livanianá – Arádhena-Schlucht – Mármarabucht – Fínix

Ausgangspunkt: Fínix, der ehemalige Hafen des antiken Phoenix, westlich von Loutró (nach dem Bergrücken die nächste Bucht). Eine Kapelle und zwei Tavernen mit Übernachtungsmöglichkeit, direkt am Meer gelegen, 30 Min. von Loutró entfernt.
Gehzeiten: Fínix – Livanianá 1 Std., Livanianá – Arádhena-Schlucht ¾ Std., Arádhena-Schlucht – Mármarabucht

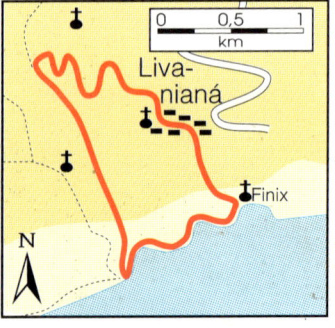

1 Std., Mármarabucht – Fínix ¾ Std.; Gesamtgehzeit 3½ Std.
Höhenunterschied: Aufstieg 350 m, Abstieg 350 m.
Anforderungen: Leichte Wanderung, teilweise ohne Weg, in der Schlucht leichte Kletterstellen über großes Blockgestein, an der Küste kurze ausgesetzte Passagen; nur wenig Schatten, das ganze Jahr über möglich (im Sommer wegen der Hitze früher Aufbruch empfohlen).
Einkehr und Unterkunft: In Fínix und Loutró Zimmer und viele Tavernen.
Busverbindung: Vrísses – Hóra Sfakíon mehrmals täglich; Schiffsverbindung in der Saison von Hóra Sfakíon über Loutró nach Agia Roúmeli mehrmals täglich, Sífis aus Fínix befördert auf Wunsch seine Gäste per Boot von und nach Loutró oder Hóra Sfakíon.
Tip: Der Hügel zwischen Loutró und Fínix war Standort der großen Stadt Phoenix (20 000 Bewohner), zahlreiche Grundmauern und Mauerreste mit der schön gelegenen Sotíros-Christós-Kapelle.

Direkt von der schön gelegenen **Taverne** von Sífis führt der Weg hinauf, leicht ansteigend, und stößt nach wenigen Minuten auf den Weg Loutró – Agia Roúmeli, auf der Scheitelhöhe eines kleinen Hügels. Während die Route von Loutró hinab zur nächsten Taverne führt, verläuft unser Weg jetzt *blau markiert* weiter den allmählich steiler werdenden Hang hinauf; ein Stück höher wird an einer neuen Straße gebaut. Die alte Weganlage war früher wohl vielbegangen – sie ist breit, gepflastert und mit Stützmauern versehen. Der Weg erreicht **Livanianá** oberhalb der rechts gelegenen Häuser und führt eben in das Dorf hinein. Im Zickzack und über Stufen geht es hinauf zur Kirche, dem höchsten Punkt des Dorfes, 270 m. Neben der Kirche befindet sich eine große Zisterne. Oberhalb der Kirche, an den großen **Felsplatten**, verzweigt sich der Weg. In 20 Minuten kann man rechts hinauf zur bereits erwähnten neuen Straße aufsteigen und erreicht in einer Stunde Anópolis. Zunächst gehen wir links über den ebenen Rücken und dann hinab in den Hang, auf die unter uns liegende Arádhena-Schlucht zu. Nach dem ersten

Blick auf das in einer idyllischen Bucht gelegene Fischerdorf Loutró.

Gatter halten wir uns sofort steil links hinab. Am linken Rand des steilen Hanges führt der Weg unterhalb der rötlichen Felsen auf den Talgrund zu. Kurz vor Erreichen des Talgrundes quert er den Hang nach rechts und erreicht bei einem großen, einzeln stehenden Olivenbaum das trockene **Bachbett** (eine Dreiviertelstunde ab Kirche). Immer im Talgrund wandern wir nun schluchtabwärts, *Steinmännchen* markieren den Weg. Nach 10 Minuten erreichen wir eine kleine Quelle unter großen Felsen, die im Sommer jedoch nur spärlich Wasser gibt. Manchmal Klettereien über großes Blockgestein, sonst einfach im Kiesbett hinab zum Meer. Nach einer Stunde Wanderzeit ist die **Mármarabucht** erreicht – der Kiesstrand wird von glatten weißen Marmor-felsen eingerahmt, ist allerdings während der Saison spätestens ab der Mittagszeit stark frequentiert von Badegästen aus dem nahen Loutró, die sich meist mit Booten herbringen lassen. Auf dem bereits beschriebenen Küsten-weg (s. Tour 23) gelangen wir in einer Dreiviertelstunde zurück nach **Fínix**.

27 Von Hóra Sfakíon nach Anópolis

Durch die Inlingías-Schlucht ins Bergdorf der Sfakioten

Hóra Sfakíon – Inlingías-Schlucht – Anópolis

Ausgangspunkt: Hóra Sfakíon, 80 m hinter dem letzten Haus auf der Straße nach Anópolis.
Gehzeit: 2 Std.
Höhenunterschied: 590 m.
Anforderungen: Unschwierige Wande-rung auf altem Verbindungsweg. Gutes Schuhwerk.
Einkehr und Unterkunft: Restaurants und Zimmer in Hóra Sfakíon und Anópolis.
Busverbindung: Hóra Sfakíon – Anópolis zweimal täglich.

Über dem Bergdorf Anópolis am Südhang der Weißen Berge liegt noch heute der Geist von Freiheit und Unabhängigkeit, den die tapferen Sfakioten Jahrhunderte im Widerstand gegen die Fremdherrschaft bewahrt haben. Von hier treiben sie ihre Viehherden auf die kargen Weidegebiete der Weißen Berge. Und keiner kennt die Pfade über die Berge besser als sie.
Der alte Weg beginnt 80 Meter hinter dem letzten Haus in **Hóra Sfakíon** auf der Teerstraße nach Anópolis. Rechts hinauf führt ein alter gepflasterter Weg, der nach 15 Minuten zur imposanten **Inlingías-Schlucht** führt. Auf der rechten Seite zieht der Weg hinab auf den Schluchtgrund und jenseits wieder aufwärts. Jetzt steigen wir einen nach Westen verlaufenden schmalen

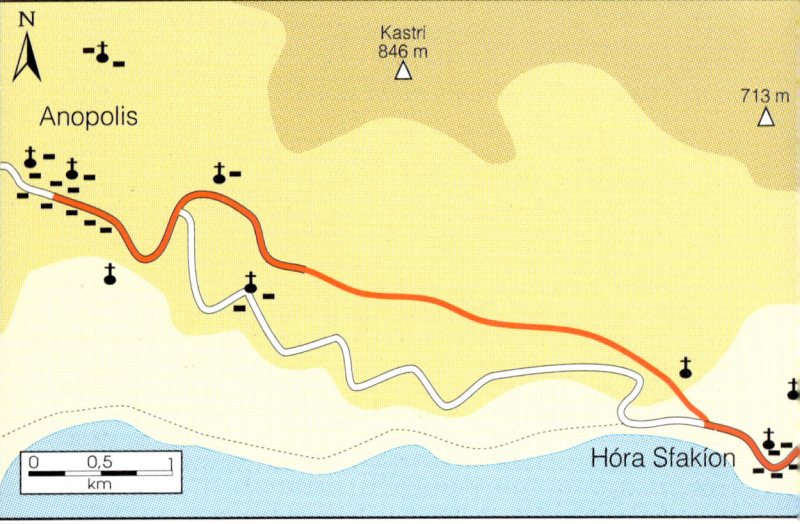

Gut erhaltenes Wegstück in der Inlingías-Schlucht.

Einschnitt hoch, der sich nach einer halben Stunde teilt. Zwischen den beiden Gräben hinauf in eine Rinne, die nach 20 Metern nach links gequert wird, und auf deren linkem Rand weiter hoch, bis wir ein **Pumpenhäuschen** erreichen. Hier beginnt ein Schotterweg, auf dem wir weiter in westlicher Richtung entlang einer Stromleitung gehen. Nach 10 Minuten können wir links wieder den alten Weg benutzen (5 Minuten auf diesem). Dann Überschreiten des Schotterwegs und hinauf zu einer weiteren Pumpstation. Links über dieser nehmen wir wieder den alten Pfad, der hinauf zur Asphaltstraße führt. Auf der Straße gelangen wir nach einer Dreiviertelstunde zum Ortsanfang von **Anópolis**. Bis zum Ortskern sind es dann noch 20 Minuten.

28 Durch die Imbros-Schlucht

Eine Schlucht zum Anfassen

Komitádes – Imbros-Schlucht – Imbros (Askífou-Ebene)

Ausgangspunkt: Östlicher Ortsausgang von Komitádes, 5 km von Hóra Sfakíon.
Gehzeiten: Komitádes – Felsentor ½ Std., Felsentor – Zisterne ½ Std., Zisterne – Imbros 1½ Std.; Gesamtgehzeit 2½ Std.
Höhenunterschied: 580 m.
Anforderungen: Unschwierige Wanderung auf dem Schluchtgrund.

Einkehr und Unterkunft: Restaurant und Zimmer in Komitádes, Kafeníon und Zimmer in Imbros.
Variante: Die Askífou-Ebene dient als Ausgangspunkt für die Besteigung des Kástro.
Busverbindung: Hóra Sfakíon – Imbros mehrmals täglich, Hóra Sfakíon – Komitádes einmal täglich.

Auf kaum einer Insel des Mittelmeeres finden sich so viele Schluchten wie auf Kreta – unser Augenmerk muß deshalb nicht ausschließlich auf die überlaufene Samariá-Schlucht gerichtet sein. Eine gleichermaßen kurze wie einfa-

Vor der engsten Stelle der Imbros-Schlucht.

che Schluchtwanderung führt durch die in der Nähe Hóra Sfakíons gelegene Imbros-Schlucht.

Wir beginnen unseren Weg am östlichen Ortsschild von **Komitádes** (Hinweisschild: »*to Imbros-Gorge*«). Anfänglich geht es über Flußkiesel – das Laufen darauf ist nicht immer angenehm. Doch bereits nach 20 Minuten verengen sich die Schluchtwände und 10 Minuten später kommt der alte, gepflasterte Weg der traditionsreichen Verbindung von der Nord- zur Südküste zum Vorschein – auf ihm läuft es sich wesentlich besser. Dann wird unser Blick von einem mächtigen **Felsentor** gefangen. Zypressen begrünen nun mehr und mehr die hoch nach oben strebenden nackten Schluchtwände, zwischen denen vereinzelt Bergziegen ihre Wege suchen. Sie sollten nicht unbeachtet bleiben, da sie hin und wieder einen Stein auslösen.

Nach gut einer Stunde gemütlichen Aufstiegs kommen wir zu einer Zisterne und Viehtränke. Die Schlucht wird nun so eng, daß wir mit ausgestreckten Armen die Schluchtwände berühren können. Doch bald treten die Felsen zurück und die Schlucht läuft schließlich ganz sachte nach oben hin aus. Nach einer Wanderzeit von 2½ Stunden erreichen wir die Häuser von **Imbros**. Es ist der südlichere der Orte auf der 780 m hoch gelegenen Ebene, über die die Paßstraße von Hóra Sfakíon nach Vrísses führt. Hier wachsen Walnußbäume, angebaut werden Kartoffeln und Getreide, aber auch Wein.

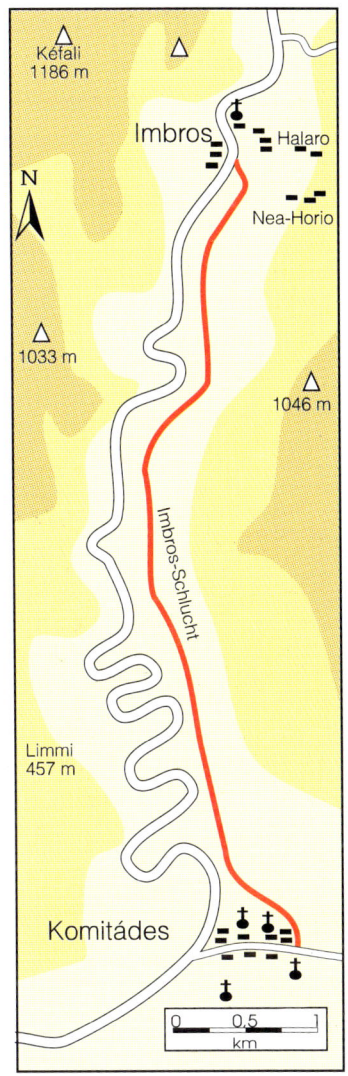

29 Durch die Asfendou-Schlucht

Auf jahrhundertealten Verbindungswegen zur Südküste

Karés (Askífou-Ebene) – Mesa Goní – Asfendou – Agios Nektários

Ausgangspunkt: Südöstliches Dorfende von Karés (Askífou-Ebene).

Gehzeiten: Karés – Mesa Goní ½ Std., Mesa Goní – Sattel 1¾ Std., Sattel – Asfendou 1¼ Std., Asfendou – Agios Nektários 1½ Std.; Gesamtgehzeit 5 Std.

Höhenunterschied: Aufstieg 400 m, Abstieg 940 m.

Anforderungen: Unschwierige, aber Ausdauer erfordernde Wanderung. Gutes Schuhwerk, ausreichend Verpflegung.

Einkehr und Unterkunft: Zimmer und Tavernen in Amoudári (Askífou-Ebene), Hóra Sfakíon und Frangokástello.

Varianten: Von Asfendou besteht die Möglichkeit, über Kallikrátis durch die Kallikratanó-Schlucht nach Patsianós abzusteigen.

Busverbindung: Vrísses – Karés – Hóra Sfakíon mehrmals täglich, Agios Nektários – Hóra Sfakíon einmal täglich.

Tip: 6 km nach Vrisses lohnt sich ein Absttecher zu dem 1 km von der Paßstraße entfernten Dorf Alíkambos, wo ungewöhnlich gut erhaltene Fresken des bekannten byzantinischen Kirchenmalers Pogome-

nos aus den Jahren 1315–1316 in der kleinen Panagia-Kirche zu finden sind.

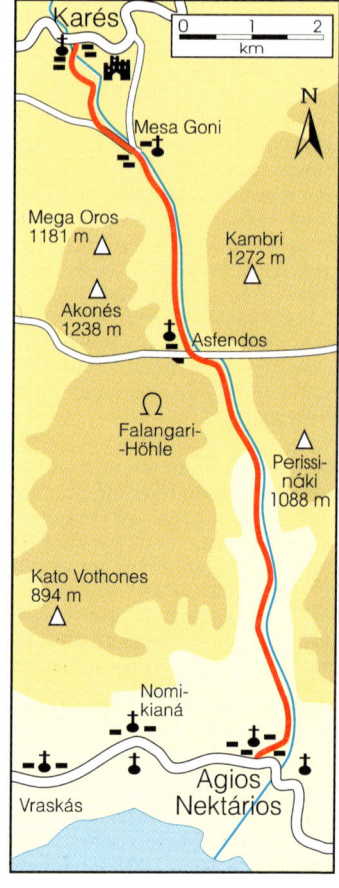

Zu den beeindruckendsten Routen auf Kreta gehört die Fahrt von Haniá nach Hóra Sfakíon an der Südküste. Nach dem schattigen, unter hohen Platanen gelegenen Ort Vrisses, was soviel wie Wasserhähne bedeutet, schraubt sich die Straße in endlos scheinenden Serpentinen hinauf, bis ein Paßübergang auf 800 m Höhe den Blick auf die von Bergen umschlossene Ebene freigibt. Am nördlichen Rand der Askífou-Ebene liegt das Dorf Karés (Ruine einer türkischen Festung).

Wie die anderen Dörfer dieser Ebene wurde auch Karés wegen des winterlichen Schmelz- und Regenwassers am Rande der Ebene gebaut. Einer der ältesten Verbindungswege der Dörfer der Askifou-Ebene mit dem Dorf Asfendou oberhalb der Südküste nimmt hier seinen Anfang und führt uns anfangs quer über die fruchtbare Ebene.

Wir gehen von der Asphaltstraße durch das Dorf hinab bis zum letzten Haus (drei flache Betondächer) am südöstlichen Ortsrand. Direkt danach beginnt die **alte Straße**, die streckenweise noch die alte Pflasterung aufweist und immer noch befahren wird. Auf ihr starten wir unsere Wanderung durch die fruchtbare Ebene in Richtung Mesa Goní. Nach gut 500 Metern gehen wir zuerst nach links, dann nach rechts unterhalb der türkischen Festung vorbei in den Taleinschnitt hinein.

So erreichen wir nach 25 Minuten das Dorf **Mesa Goní**; kurz vorher stoßen wir auf die von Amoudári kommende Teerstraße und biegen auf dieser nach links ab. Etwas abseits, links, befindet sich ein Friedhof, der von Zypressen umgeben ist. Die Straße steigt an und führt uns rechts am Ort vorbei zwischen Feldern hindurch in das nach Süden ziehende Tal. Das Tal wird enger, die Schotterstraße steigt langsam an, bis sie schließlich an einem Schafpferch endet. Im Rückblick genießen wir die wunderbare Aussicht; gut 1¼ Stunden sind wir jetzt gegangen. Der alte Fußweg, der jetzt nur mehr von Hirten und ihren Herden benützt wird, gabelt sich, und ein *Pfeil* weist nach links. Nach weiteren 10 Minuten erreichen wir eine kleine Hochebene. Die bisher üppige Vegetation ist verschwunden; Zistrosen, Salbei, Thymian und Eichen überwiegen. Vorbei an einer Zisterne mit Schäftränke und unter zwei stattlichen Steineichen hindurch, steigen wir über einen noch gut erhaltenen, alten Weg in Serpentinen zu dem vor uns liegenden Bergsattel auf. Beim Blick in das vor uns liegende Tal sehen wir einen fast unbeschädigten alten Weg, der sich den Geländeformen unauffällig anpaßt. An einer kleinen Hochebene mit Zisternen und Schafpferchen vorbei, geht es über mehrere Plateaus hinab. Der Weg mündet in eine Schotterstraße, die uns jetzt eine halbe Stunde begleitet. Vor uns liegen die grauen Häuser von **Asfendou** – die einzeln stehenden Häuser unter den großen Birnbäumen, das Geläute der Schafsglocken und der Ruf der Hirten vermitteln eher den Charakter einer Alp als den eines kretischen Dorfes.

Der Schotterweg mündet in die Straße nach Kallikrátis. Dieser folgen wir 200 Meter, dann rechts auf einem Feldweg weiter, der als Hohlweg zum Beginn der Asfendou-Schlucht führt. (Wer statt der Asfendou-Schlucht über die Kallikratianó-Schlucht zur Südküste Richtung Frangokástello absteigen möchte, nimmt am besten die Schotterstraße nach Kallikrátis und von dort den Weg in die Schlucht – siehe folgende Wanderung.) Der alte Abstiegsweg durch die **Asfendou-Schlucht** ist eindeutig und bedarf deshalb keiner weiteren Beschreibung. Nach 1½ Stunden erreichen wir über den rechten Schluchtrand das Dorf **Agios Nektários**.

30 Von Asfendou durch die Kallikratianó-Schlucht nach Frangokástello

Widerstandsnester und Fluchtwege während der türkischen Besatzung

Asfendou – Kallikrátis – Kallikratianó-Schlucht – Patsianós – Frangokástello

Ausgangspunkt: Asfendou, siehe vorhergehende Wanderung.
Gehzeiten: Asfendou – Kallikrátis 1½ Std., Kallikrátis – Schluchtbeginn ½ Std., Kallikratianó-Schlucht 1½ Std., Patsianós – Frangokástello 1 Std.; Gesamtgehzeit 4½ Std.
Höhenunterschied: Abstieg 800 m.
Anforderungen: Unschwierige, aber sehr lange und Ausdauer erfordernde Wanderung. Gutes Schuhwerk, Sonnenschutz.
Einkehr und Unterkunft: Zwei Kafenía in Kallikrátis. Restaurants und Zimmer in Frangokástello.
Varianten: Durch die Asfendou-Schlucht (siehe vorherige Wanderung).
Busverbindung: Plakiás – Frangokástello – Hóra Sfakíon einmal täglich.

Ausgangspunkt unserer Wanderung ist der Ort **Asfendou**, den wir über die vorhergehende Wanderung erreichen können. Für den Weiterweg nach Kallikrátis nehmen wir am besten die nach Osten führende Schotterstraße. Sie bringt uns nach 1½ Stunden direkt in den Ortskern von **Kallikrátis** (6 km). Sie sollten einen Blick auf die Kirche mit der Sonnenuhr und die schöne Brunnenanlage werfen. Zwei Kafenía haben den Sommer über geöffnet, im Winter ist das Dorf fast verlassen, die Bevölkerung zieht dann ins tiefer gelegene Kapsodásos oder nach Patsianós am Schluchtausgang. Der gut ausgebaute Verbindungsweg zur Küste wird von den Einheimischen noch regelmäßig benutzt, sofern nicht größere Lasten zu transportieren sind; mit dem Auto ist ein weiter Umweg notwendig, um beide Orte zu erreichen. Man sagt, daß die Bewohner von Kallikrátis während der Türkenherrschaft im ständigen Widerstand lebten und das Dorf nie besetzt werden konnte.

Erfrischendes Quellwasser aus der Brunnenanlage in Kallikrátis.

Wir setzen unseren Weiterweg in Richtung Süden fort, dorthin wo der Talrand die tiefste Einsenkung zeigt. Schauen wir in diese Richtung, so sehen wir links eine auf einem Hügel gelegene Kirche – rechts davon verläuft ein **Trockenbachbett**, an dessen linkem Rand der Weg langsam zum Beginn der Schlucht führt. Der gute alte Weg quert des öfteren das trockene Bachbett – es ist ein Genuß, darauf zu laufen. Die Schlucht wird enger, der an mehreren Stellen betonierte Weg steiler. Dann weitet sich die Schlucht zu einem Kessel. Steile Felswände umgeben uns nochmals, bevor sich die Schlucht nach etwas mehr als einer Stunde Weg ab Kallikrátis endgültig öffnet und der Blick auf die weite Küstenebene vor Frangokástello frei wird. An rotblühenden Oleandersträuchern vorbei, erreichen wir über den rechten Schluchtausgang das Dorf **Patsianós**, links gegenüber liegt das Dorf **Kapsodásos**. Nach **Frangokástello** müssen wir von hier noch 3 km laufen. Im Jahre 1828 war die von den Venezianern bereits im 14. Jahrhundert erbaute Festung der Austragungsort einer blutigen Schlacht. 700 kretische Kämpfer standen unter der Führung von Chadzimichális einem Heer von 8000 Türken gegenüber und unterlagen. Alljährlich um den 17. Mai gibt es hier eine eigenartige Spukerscheinung: Kurz vor Sonnenuntergang zieht ein langer Zug von schwarzgekleideten Reitern und Gestalten nach Frango-kástello. Die Gestalten werden Drossoulítes genannt, was so viel heißt wie Taumänner. Man sagt, das Phänomen dauert 10 Minuten und tritt dann auf, wenn nach einigen feuchten Tagen plötzliche Windstille herrscht, bevor Nordwind einsetzt. Wissenschaftlich erklärt man sich die Erscheinung als eine Art Fata Morgana.

31 Bergdörfer am Rande der Kotsifoú-Schlucht

Schöner Ausblick auf den Golf von Plakiás

Plakiás – Sellía; Plakiás – Mírthios

Ausgangspunkt: In Plakiás, 41 km
südwestlich von Réthimnon, an der Brücke
über den Fluß.
Gehzeiten: Plakiás – Sellía 1 Std., Plakiás
– Mírthios ½ Std.
Höhenunterschied: 280 m nach Sellía
bzw. 200 m nach Mírthios.
Anforderungen: Leichte Wanderungen.
Einkehr und Unterkunft: Tavernen und
Zimmer in Plakiás, Sellía und Mírthios.
Varianten: Von Sellía kann man auf der
Teerstraße nach Mírthios laufen (1 Std.)
und kommt dabei an den Eingang der
Kotsifoú-Schlucht, in die man einen kurzen
Abstecher machen kann.
Busverbindung: Plakiás – Réthimnon
mehrmals täglich, Agia Galíni – Plakiás –
Hóra Sfakíon einmal täglich.

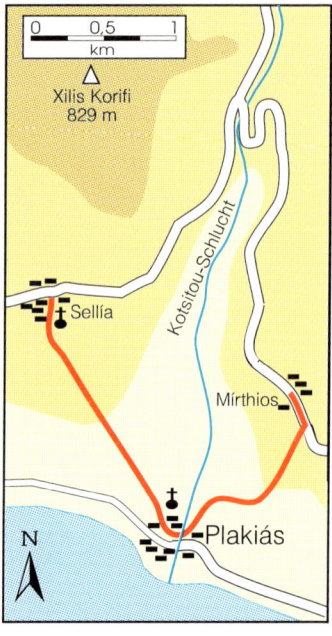

Der Ort Plakiás an der Südküste des
Bezirkes Réthimnon ist wegen seiner Umgebung und der umliegen-
den Klöster, aber auch wegen seines Sandstrands und der zahlreichen Tavernen unbedingt einen
Abstecher wert. Zwei kurze Wanderungen in die oberhalb gelegenen
Bergdörfer mit ihrer wunderbaren
Aussicht lassen sich dabei problem-
los in den Tagesablauf integrieren. Wir beginnen unsere Kurztour nach Sellía
in **Plakiás** an der Brücke über den Bach (beim Buswendeplatz). Ortseinwärts
biegen wir bei Zórbas Rent Rooms in die Straße rechts, gehen an einigen
kleinen Supermärkten vorbei, bis sich der Weg in die Olivenhaine schlängelt.
Bei einer ersten Gabelung nach links. Nach einer Viertelstunde bei einer
Gabelung an einer Brücke wieder nach links und gleich darauf nach rechts.
Bei der nächsten Gabelung (5 Minuten) nach links, immer durch Olivenhaine.
Bei der nächsten Fahrwegkreuzung wieder links und bei der folgenden auf
einem betonierten Stück rechts. Nach knapp einer Stunde kommen wir in
Sellía an. Wir haben jetzt einen bezaubernden Blick über die Bucht von
Plakiás und die umgrenzenden Berge mit dem Dorf Mírthios gegenüber. Am
schönsten sitzt es sich auf der Terrasse der Taverne Obelistírion.

Die Wanderung nach Mírthios nimmt ebenfalls in **Plakiás** ihren Ausgang: Wir gehen beim Buswendeplatz über das kleine Brücklein und schlagen bei Zórbas Rent Rooms die Straße ein, die rechtwinklig von der Uferpromenade, vorbei an Mini-Markets in Richtung Campingplatz führt. Das Dorf Mírthios befindet sich oberhalb am Hang, direkt vor unseren Augen. Nach 500 Metern, bei einer Fahrweggabelung rechts und über eine kleine Brücke, treffen wir auf den verwahrlosten Campingplatz. Wir folgen dem Feldweg an der westlichen Mauer des Campingplatzes entlang bis zu einem Haus (3 Minuten), überqueren einen Fahrweg und steigen einen ausgewaschenen Pfad hinauf. Nach 5 Minuten stoßen wir auf einen befahrbaren Feldweg, den wir weiter nach oben verfolgen, immer geradeaus auf das bereits vor uns liegende Dorf zu. Alte, knorrige Olivenbäume in phantasievollen Formen säumen den Weg. Wir stoßen auf das Brunnenhaus des Ortes. Gleich darauf, unter den ersten Häusern von **Mírthios**, können wir rechts hochgehen und kommen auf der Ortsdurchgangsstraße bei der Post heraus – oder wir halten uns links und erreichen so den Dorfplatz und zwei Tavernen mit schöner Aussichtsterrasse, wo wir bei einem erfrischenden Getränk den wunderbaren Blick auf die Bucht von Plakiás genießen können.

Blick von Sellía auf die Bucht von Plakiás.

32 Rundwanderung bei Mixórrouma

Von Ano Mixórrouma durch das Flußtal des Kíssanos

Ano Mixórrouma – Mixórrouma – Kapellen und zurück

Ausgangspunkt: Ano Mixórrouma, 300 m, 3,5 km vor Spíli, an der Hauptstraße Réthimnon – Spíli gelegen.
Gehzeiten: Dorf – neue Brücke 1½ Std., neue Brücke – 2. Kirche und zurück zur Brücke 1 Std., Rückweg Ano Mixórrouma ¾ Std.; Gesamtgehzeit 3¼ Std.
Höhenunterschied: Abstieg insgesamt 200 m, Aufstieg 200 m.

Anforderungen: Leichte Wanderung, meist Schotterstraße, kurzes Stück weglos.
Einkehr und Unterkunft: Tavernen in den Dörfern entlang der Fahrstrecke; Zimmer, Tavernen und Kafenía in Spíli.
Busverbindung: Réthimnon – Spíli mehrmals täglich.
Tip: Das nahe Spíli mit dem venezianischen Löwenbrunnen.

Der Kíssanos-Fluß, der im Kédhros-Massiv entspringt und von den starken Quellen in Spíli gespeist wird, durchfließt auf seinem Weg nach Südwesten mehrere enge Täler und Schluchten, bevor er in der bekannten Bucht von Préveli das Meer erreicht.

Kurz vor Spíli, direkt an der Straße, liegt die Ortschaft Ano Mixórrouma und etwas tiefer, verdeckt durch einen Hügel, das schöne, langsam verfallende Dorf Mixórrouma. Letzteres liegt direkt am Fluß, der nach Süden eine grüne, dichtbewachsene Tallandschaft mit schöngelegenen Kirchen durchfließt. Unmittelbar am östlichen Dorfende von **Ano Mixórrouma**, nach dem letzten Haus, führt rechts eine anfangs noch betonierte Straße steil bergab, vorbei an einer alten Wassermühle und über eine Brücke. An der **Wegverzweigung**

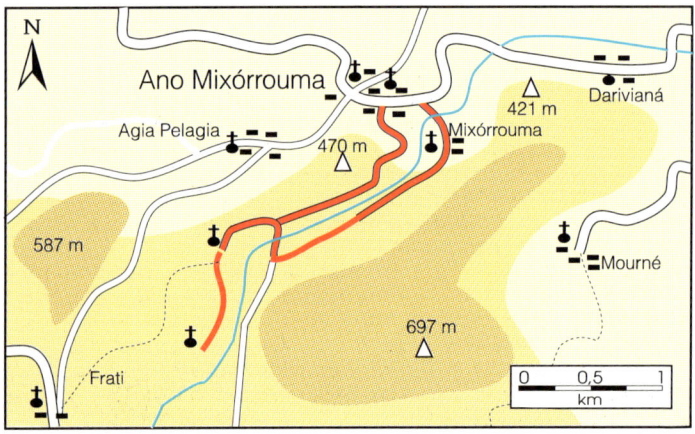

Das alte, verlassene Dorf Ano Mixórrouma.

nach der Brücke geht es rechts, und der schmale Fahrweg zieht sich 50 m oberhalb des engen Flußtales am steilen Hang entlang. Nach etwa 20 Minuten sehen wir gegenüber am steilen Hang das Dorf **Mixórrouma** mit der hochaufragenden Kirche. Aber wie viele andere Dörfer Kretas ist auch dieser Ort verlassen und dem Verfall preisgegeben. Nach weiteren 20 Minuten endet der schmale Fahrweg an einer starken Quelle, die in einer kleinen **Zisterne** gefaßt ist. Ab hier gehen wir eine Viertelstunde weglos auf gleicher Höhe der Hangkante entlang, bis wir oberhalb von mehreren neu angelegten Terrassen mit einem großen **Stallgebäude** auf eine Schotterstraße stoßen. Wir folgen dieser nach rechts, bergab zum Talgrund, und gelangen über eine neu gebaute **Brücke** auf die andere Seite des Tales.

Nun längs der Fahrstraße weiter nach links – erst ein Stück bergauf, an der nächsten Abzweigung wieder links (rechts ginge es zum Dorf **Fratí**). Nach einer langgezogenen Kurve sehen wir gegenüber zwei Kapellen zwischen alten Olivenbäumen. Von der zweiten, neu gebauten Kapelle hat man einen schönen Ausblick nach Süden, wo der Kíssanos-Fluß unterhalb des Dorfes in der engen Schlucht verschwindet.

In 20 Minuten gelangen wir wieder zurück bis zur Brücke. Von dort wandern wir talaufwärts auf der linken Seite hoch über dem Flußtal zum alten Dorf **Mixórrouma**, das wir in einer halben Stunde erreichen. Es sind nur wenige Meter hinauf zu den alten Häusern und zur noch gut erhaltenen Kirche, die auf einem erhöhten Platz aussichtsreich zwischen den Rüinen steht. In wenigen Minuten sind wir dann wieder oben im neuen Dorf **Ano Mixórrouma** an der Straße angelangt.

33 Von Asómatos zum Palmenstrand von Préveli

Palmenwald und alte Klöster am Libyschen Meer

Asómatos – Palmenstrand – Moni Préveli

Ausgangspunkt: Asómatos, 31 km von Réthimnon Richtung Plakiás.
Gehzeiten: Asómatos – Olivenmühle ½ Std., Olivenmühle – Venezianische Brücke 20 Min., Venezianische Brücke – 2. Brücke ¼ Std., 2. Brücke – Telegraphenleitung ¾ Std., Telegraphenleitung – Flußmündung ½ Std., Aufstieg zum Schluchtrand 20 Min., Schluchtrand – Agia-Fotíni-Kapelle ½ Std., Agia Fotíni – Venezianische Brücke ¾ Std., Venezianische Brücke – Asómatos 1 Std., Gesamtzeit: 6 – 6½ Std.
Höhenunterschied: 250 m.

Anforderungen: Unschwierige, aber lange Wanderung. Wasser, Sonnenschutz.
Einkehr und Unterkunft: Tavernen und Zimmer in Plakiás, Taverne mit Zimmern in der Bucht 10 Minuten östlich vom Palmenstrand. Café in Asómatos.
Varianten: Statt Rückweg am anderen Ufer des Megalopótamos lohnt sich auch der Weiterweg zum oberen Préveli-Kloster. Rechts davon den Hügel hinauf, kommt man in einer Stunde nach Gianioú und von dort weiter nach Lefkogía.
Busverbindung: Réthimnon – Asómatos – Plakiás – Préveli ein- bis zweimal täglich.

Unser Weg zum Palmenstrand beginnt in **Asómatos** auf der Teerstraße Richtung Réthimnon. Nach 800 Metern, bevor die Teerstraße in einer Linkskurve in die Kourtaliótiko-Schlucht führt, biegen wir in einer scharfen Kehre auf eine bergab führende Betonpiste ab, die alsbald in eine Schotterstraße übergeht. Vorher sollten wir aber noch einen Abstecher zur **Kapelle Agios Nikólaos** unternehmen – also einige hundert Meter auf der Teerstraße weiter, bis rechts Betontreppen zur Kapelle hinabführen; hier befinden sich die tosenden Quellen des Megalopótamos.

Zurück auf dem Weg zum Palmenstrand, wandern wir geradeaus auf der rechten Uferseite des Megalopótamos (= großer Fluß) weiter. Der Fahrweg endet vor einer kleinen Kapelle. Geradeaus, links an der Kapelle vorbei, führt ein Pfad weiter – das Dorf Asómatos liegt nun direkt hinter uns. Nach knapp 5 Minuten erreichen wir eine aufgelassene **Olivenmühle** – über dem Türbalken ist das Jahr 1890 eingemeißelt. Hier folgen wir dem Feldweg nach rechts und erreichen nach 300 Metern die breite Asphaltstraße, die von Lefkogía zum Kloster Préveli führt. Knapp 5 Minuten später können wir wieder auf einen Fußweg, der am Megalopótamos entlangführt, einbiegen – Schilf, Myrtensträucher, Platanen und Efeu säumen seine Ufer.

Wenig später treffen wir auf eine grazile, venezianisch anmutende **Bogenbrücke**, die aber erst im 19. Jahrhundert erbaut wurde. Südlich davon sehen wir die Ruinen des verlassenen Klosters Káto Préveli – auch Móni Mega Potámou, Kloster des großen Flusses, genannt. Wir überqueren den Fluß und wandern auf der Schotterstraße entlang des linken Ufers. Nach etwa einer Stunde kommen wir zu einer **weiteren Bogenbrücke** mit Inschrifttafel. Die Schotterstraße nach links lassen wir unbeachtet (sie führt zur östlich vom

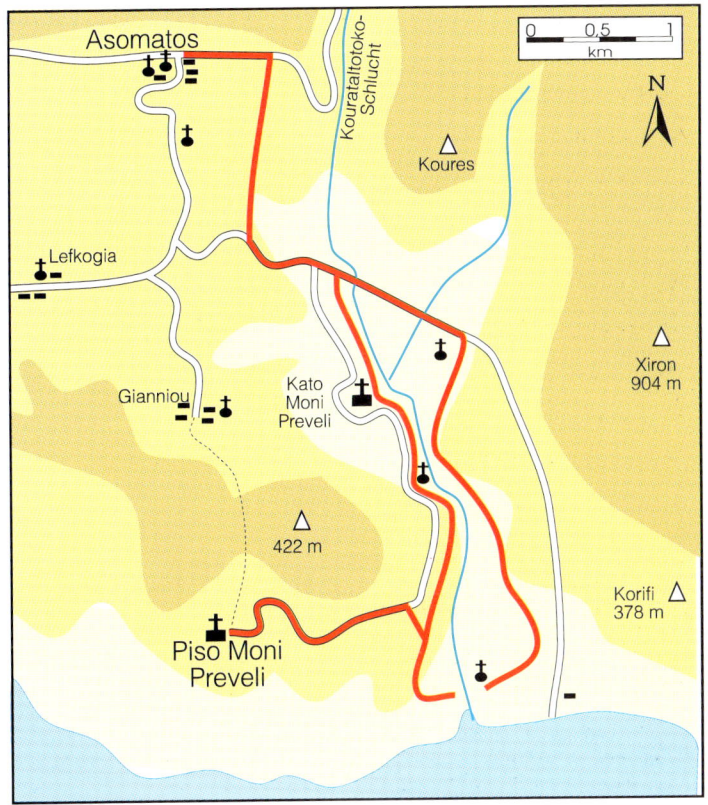

Palmenstrand gelegenen Bucht) und folgen dem rechts abzweigenden Fahrweg oberhalb des Flusses, bis wir die verfallenen Gebäude eines kleinen Klosters erreichen, von dem nur noch die Kapelle erhalten blieb. 25 Meter nach der Kapelle teilt sich der Weg. Rechts geht es in 5 Minuten abwärts in den am Megalopótamos liegenden Olivenhain – wir aber nehmen den Pfad nach links, der am Hang oberhalb des Flußufers verläuft. Vereinzelt tauchen jetzt *rote Markierungspunkte* auf. Von oben können wir sehen, wie der Fluß allmählich von den Felswänden eingezwängt wird. Der Pfad gewinnt langsam an Höhe und überwindet die Schluchtwände oberhalb. Wir unterqueren eine **Telegraphenleitung**. 200 Meter weiter können wir von einer

Das Kloster Káto Préveli am Eingang zur Kourtalíótiko-Schlucht.

Felsnase einen ersten wunderbaren Blick auf die palmengesäumte Mündung des Megalopótamos-Flusses werfen. Kurz darauf läßt sich die nach Osten verlaufende Küstenlinie kilometerweit überblicken. Dann führt uns der Weg zwischen Felsbrocken hinab zur Flußmündung. In der Bucht links sehen wir eine Taverne, die auch Zimmer vermietet. Die Schotterstraße, die bei der zweiten Bogenbrücke links weiterführte, endet hier. Viele Mietwagentouristen fahren bis hierher und steigen von dort in 10 Minuten zur Palmenbucht hinüber. Nach gut 2 Stunden Wanderung betreten wir den **Palmenstrand von Préveli**, der unter Naturschutz steht. (Talaufwärts kann man ca. eine halbe Stunde bis zu einer unüberwindlichen Engstelle am Fluß entlanggehen.)

Auf dem Weiterweg durchwaten wir über den schmalen Sandstreifen den Mündungsarm des Flusses und steigen die Felsen aufwärts. Nach 20 Minuten Aufstieg zweigt in einer Senke ein Weg nach rechts – zum Schluchtrand hin – ab (geradeaus hoch kommt man zur Teerstraße und nach links zum **oberen Préveli-Kloster**). Über dem orographisch rechten Rand der Schlucht entlang folgen wir einem Pfad. Nach einer Viertelstunde durchqueren wir einen Einschnitt mit vereinzelten Palmen und erreichen bald darauf die Telegraphenleitung, die uns schon auf der anderen Schluchtseite aufgefallen ist. Der Pfad führt nun etwa auf halber Höhe zwischen Schluchtrand und oben verlaufender Straße hindurch. Nach einigen größeren Felsbrocken wendet er sich in einer Senke wieder hinab ins Flußtal. Beim Abstieg stoßen wir nach dem Überqueren einer Steinmauer auf die versteckt zwischen Olivenbäumen liegende **Agia-Fotíni-Kapelle** (Fresken aus dem 14. Jahrhundert im Innern). Zwischen Olivenbäumen steigen wir hinab zum Fluß und weiter flußaufwärts zu den Ruinen des Klosters **Káto Préveli** und zur »venezianischen« Bogenbrücke. Nach der Brücke folgen wir wieder dem zwischen Straße und Fluß verlaufenden Weg, dann der Teerstraße, bis nach rechts wieder der Schotterweg zur anfangs erwähnten Olivenmühle abzweigt. Links den Maultierpfad aufwärts bis zur kleinen Kapelle und auf dem Fahrweg zurück zu unserem Ausgangspunkt.

Die Palmenbucht an der Mündung des Megalopótamos ins Libysche Meer.

Felsgebilde und Strände

Agios Pávlos – Trís Pétres – Bucht von Préveli

Ausgangspunkt: Agios Pávlos, ein winziges Dorf am Beginn einer Reihe von schönen Kiesstränden an der Südküste, 15 km westlich von Agia Galíni.

Gehzeiten: Taverne – Hochplateau – Dünen-Abstieg ½ Std., Küstenwanderung – neue Taverne 1½ Std., Auf- und Abstieg Trís Pétres ½ Std., großer Strand – Straßenende Keramés (Taverne Agia Votiní) 1½ Std., Steilküste – Bucht (2 Tavernen) 1½ Std., Hügelüberquerung – Bucht von Préveli 20 Min.; Gesamtgehzeit 6 Std.

Höhenunterschied: Viermal müssen Höhen bis zu 60 m auf- und abgestiegen werden.

Anforderungen: Insgesamt leichte, aber mühsame Küstenwanderung, meist weglos im Kies oder Sand, einige kurze, aber steile An- und Abstiege, teils mit felsigen Passagen, diese Stellen können teilweise im Wasser umgangen werden. Gute Schuhe notwendig. Kein Schatten, bei sehr stürmischer See nicht begehbar!

Einkehr und Unterkunft: Alle angegebenen Tavernen bieten auch Zimmer an, in

Agios Pávlos mehrere Tavernen mit Zimmern, in Agia Galíni und Plakiás Hotel, Pensionen und Tavernen.

Busverbindung: Réthimnon – Spíli – Agia Galíni mehrmals täglich, nach Saktoúria einmal täglich, Plakiás – Agia Galíni einmal täglich, Préveli – Plakiás dreimal täglich, Schiffsverbindung Plakiás – Agia Galíni mehrmals wöchentlich.

Agios Pávlos ist nicht ganz einfach zu erreichen (dies ist wahrscheinlich auch der Grund für die geringe Bautätigkeit und den eingeschränkten Badetourismus): Entweder fährt man von Agia Galíni über Melambés (15 km) und biegt links nach Saktoúria ab, um von dort (zum Schluß nur über eine Schotterpiste, die aber gut zu befahren ist) nach Agios Pávlos zu gelangen. Oder man

Phantastische Felsformationen bei Agios Pávlos.

nimmt die Verbindungsstraße Spíli – Agia Galíni, biegt nach der kleinen Ortschaft Nea Kria Vrise rechts ab und erreicht nach etwa 15 km (über Saktoúria, zuletzt wie oben) Agios Pávlos. Der Weiler (genauer: zwei Tavernen mit Zimmern oberhalb des Strandes, eine neuere Wohnanlage mit Zimmern, weiter oberhalb nochmals eine Taverne mit Zimmern und die kleine, in den Felsen hineingebaute Kapelle Agios Pávlos) liegt am Beginn einer einzigartigen Aneinanderreihung von schönsten Kiessträndenmit hohen Sanddünen und faszinierenden Felsformationen, die alle zu Fuß erreichbar sind. Agios Pávlos wird im Sommer übrigens auch regelmäßig von Ausflugsbooten aus Agia Galíni angelaufen

Von der **Taverne**, die dem Strand am nächsten liegt (sehr gute Fischgerichte), führt noch eine Fahrstraße bis zur Bucht hinab. Wenige Meter nach dem Ende der Straße geht es über die steile Sanddüne, die von Felsen durchsetzt ist, hinauf auf eine **Hochfläche**, die wir überqueren. Links als Begrenzung der Steilküste fantastische Felsfaltungen mit farblich abgesetzten Mustern. Vom Rand der Hochfläche sieht man hinab in die zweite Bucht; wir wandern oberhalb an ihr vorbei und steigen zuerst über Felsen, dann im feinen Sand hinab zum **Meer** (½ Stunde ab Taverne). Die nächsten 1½ Stunden können wir immer am Meer entlang bummeln. Kiesstrände, Felsformationen und hohe Sanddünen bilden eine faszinierende Kulisse. Erst in einer kleinen Bucht, die von etwa 50 Meter hohen Felsen begrenzt wird (hier ist nach Westen kein Durchkommen mehr möglich), müssen wir uns vom Meeresufer trennen. Wenige Meter oberhalb des Strandes steht eine größere neu

Oben: Das Kirchlein Agios Pávlos an der Südküste.
Rechts: Drei Felsen (Trís Pétres) – der Weg führt oberhalb an der Steilküste entlang.

gebaute **Taverne** – an dieser vorbei folgen wir der Straße hinauf auf die Anhöhe, um dann links direkt an der Hangkante entlang die schmale felsige Halbinsel weiter nach Westen zu queren und in die nächste Bucht wieder abzusteigen. **Drei Felsen** (Trís Pétres) heißt diese Landzunge, und tatsächlich ragen drei einzeln stehende Felszähne aus dem Meer. Breite Kiesstrände ziehen von hier nach Westen, wo man bereits die Bucht von Préveli und das Kloster als weißen Fleck erkennen kann. Einige neu gebaute, durch Zufahrtsstraßen erschlossene Häuser weisen auf die wohl schon begonnene Erschließung dieser Region hin. Nach der Überquerung einer Halbinsel gelangen wir zu einer Teerstraße, die nur 10 Meter vor dem Wasser an der **Taverne** von Agia Votiní endet. (Es handelt sich dabei um die Straße von Kissou Kambos nach Keramés und weiter zur Küste.) Ab hier wandern wir immer auf dem schmalen, felsigen **Küstenstreifen** unterhalb der meist nicht begehbaren Steilküste (bis auf die Buchten, die durch Straßen erschlossen sind). Eine Stunde nach der Taverne – wir haben mittlerweile zwei Buchten mit Häusern durchquert – versperrt eine Felswand den Weiterweg. Bei ruhiger See kann man um diese Nase im hüfttiefen Wasser herumwaten, ansonsten muß man einen mühsamen und steilen Auf- und Abstieg über eine 40 Meter hohe Geröll- und Felsrinne auf sich nehmen. Bei der weglosen Kletterei ist Vorsicht geboten. Nach weiteren 30 Minuten erreichen wir die große Bucht vor der Mündung des Megalopótamos. Hier erwarten uns zwei **Tavernen**; eine Schotterpiste verbindet die Bucht mit der Zufahrtsstraße von Moni Préveli nach Plakiás. Ein deutlicher Weg führt über die Felsen in 20 Minuten in die **Bucht von Préveli**. Weiterweg siehe Tour 33.

35 Auf die Alp Trípiti

Im Amáritál zur Aussicht auf Messará-Ebene und Libysches Meer

Ano Méros – Kaloídhena – Alp Trípiti

Schattensuchende Schafe auf dem Weg zur Alp Trípiti.

Ausgangspunkt: Ano Méros, 50 km von Réthimnon, 30 km von Timbáki.
Gehzeiten: Ano Méros – Kaloídhena ¼ Std., Kaloídhena – Trípiti-Höhle 1¾ Std., Höhle – Aussichtspunkt 20 Min.; Gesamtgehzeit 4½ Std. hin und zurück.
Höhenunterschied: 530 m.
Anforderungen: Schöne Bergwanderung auf meist markiertem Weg. Gutes Schuhwerk. Ausreichend zu Trinken mitnehmen.

Einkehr und Unterkunft: Kafeníon in Ano Méros, Zimmer in Réthimnon oder Agia Galíni.
Varianten: Von der Alp Trípiti Anstieg auf den Kédhros-Gipfel möglich: zusätzlich 5 Std. hin und zurück. Mit dem Rücken zur Trípiti-Höhle steigt man weglos aufwärts, bis man den Gipfel erreicht.
Busverbindung: Réthimnon – Timbáki einmal täglich.

Als einsamer Bergklotz behauptet sich der Berg Kédhros im Westen des Psilorítis. Dazwischen liegt – nahezu abgeriegelt von der Außenwelt – das Amári-Becken. Es wird von zwei Straßen erschlossen: die eine verläuft an den Westhängen des Psilorítis, die andere an der Ostflanke des Kédhros. Die hochgelegenen Dörfer entlang der Straße profitieren vom Wasserreichtum der Region – so wachsen an den Hängen des Kédhros noch Blumen, wenn anderswo auf Kreta bereits alles vertrocknet ist.
Wir beginnen unsere Wanderung bei der Dorfkirche von **Ano Méros** und gehen auf der Hauptstraße (von Réthimnon) ca. 150 Meter weiter. Rechts führt die Odos Markou Botsari herab, aber erst bei der nächsten Gasse biegen wir rechts ab und steigen entlang einer Wasserrinne nach oben. Bei der ersten Abzweigung nach links, dann wieder rechts und geradeaus hoch.

5 Minuten später biegen wir rechts in einen Fahrweg ein. Von diesem zweigt kurz darauf ein Weg rechts ab, der über rauschendes Quellwasser hinweg hoch zur **Kapelle Kaloídhena** (= »Ich habe gut gesehen«) führt. Das im Verfall begriffene Kirchlein gehörte zu einem Kloster, das während eines Aufstandes gegen die Türken 1821 zerstört wurde. Der Name geht auf eine wundertätige Erscheinung zurück.

Wieder auf dem Fahrweg, tauchen unmittelbar darauf die Ruinen einer alten Wassermühle auf. Den Fahrweg weiter aufwärts, halten wir uns bei einer kurz darauf folgenden Gabelung links. Etwa 5 Minuten danach zweigen wir rechts auf einen Feldweg ab (*roter Pfeil*). Wir passieren ein Eisentor, später kreuzt der Pfad wieder den Fahrweg. Der *vereinzelt markierte* Pfad führt weiter aufwärts, bis wir nach einer Dreiviertelstunde erneut auf den Fahrweg treffen. 60 Meter auf diesem, dann links ab (*Markierung*). Vor uns, oben am Bergkamm, sehen wir eine rechteckige Lücke, die wir im weiteren Wegverlauf ansteuern. Zunächst folgen wir einer Wasserleitung. Nach einer betonierten Wasserrinne bei einer Platane geht es dann in spitzem Winkel bergauf; der Pfad nach oben ist gut markiert. Nach etwa 2 Stunden erreichen wir eine mit einer Eisentür und zwei vergitterten Fenstern versehene **Höhle**, die zur **Alp Trípiti** gehört. Die meist offene Höhle bietet einen guten Unterstand, sofern man den Geruch von Schafdung ertragen kann.

In der Nähe befindet sich ein Aussichtsgipfel. Wir erreichen ihn, wenn wir mit dem Rücken zur Höhle stehend nach links, leicht aufwärts in südöstlicher Richtung steigen. Es müssen einige niedrige Felsriegel überwunden werden, dann sehen wir eine kleine Hochebene, zu der wir hinabsteigen. Gegenüber im Südosten liegt der Aussichtshügel (mit Betonsäule), von dem wir einen grandiosen Blick über die Messará-Ebene und das Libysche Meer haben.

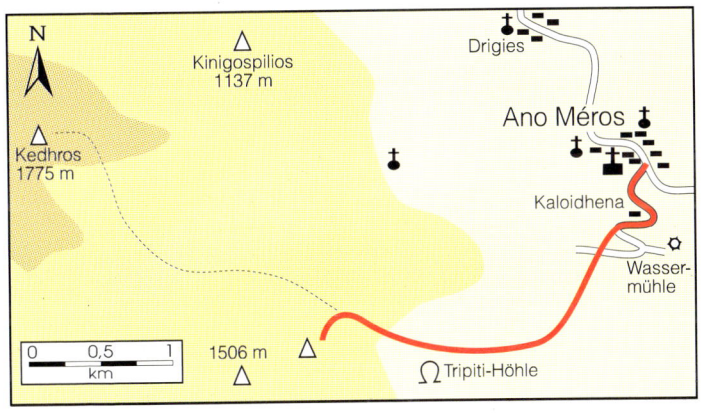

36 Von Agia Galíni nach Pitsídia

Badehosenwanderung am Messará-Golf

Agia Galíni – Kókkinos Pírgos – Kalamáki – Pitsídia

Ausgangspunkt: Hafen in Agia Galíni.
Gehzeiten: Agia Galíni – Kókkinos Pírgos
1¼ Std., Kókkinos Pírgos – Kalamáki
1¾ Std., Kalamáki – Pitsídia 1 Std.;
Gesamtgehzeit 4 Std.
Höhenunterschied: 70 m.
Anforderungen: Einfache Wanderung,
im Sand teilweise etwas mühsam. Bei
stürmischer See ist das Wegstück
zwischen Agia Galíni und Kókkinos Pírgos
nicht begehbar. Sonnenschutz.
Einkehr und Unterkunft: Tavernen und
Zimmer in Agia Galíni, Kókkinos Pírgos,
Kalamáki und Pitsídia.
Varianten: Vom Kómmos-Beach kann
man über die Steilküste (Höhe 65 m)
weiter bis Mátala wandern (1 Std.).
Busverbindung: Iráklion – Agia Galíni,
Iráklion – Pitsídia/Mátala, Agia Galíni –
Kókkinos Pírgos – Pitsídia mehrmals
täglich.

Wir folgen am Hafen von **Agia
Galíni** dem Promenadenweg unter
den Sandsteinfelsen in östlicher
Richtung, dorthin, wo die Badesträn-
de mit den Tavernen liegen. Der Weg verläuft immer direkt an der Küste und
ist gnadenlos der Sonne ausgesetzt – wir können unsere Wanderung aber
jederzeit mit einem Bad im Meer unterbrechen. Nach 10 Minuten überqueren
wir auf einer wackeligen Fußgängerbrücke die Mündung des Plátis-Flusses.

Die Steilküste zwischen Kómmos-Beach und Mátala.

5 Minuten später führt eine Schotterstraße etwas oberhalb der Küste weiter, auf der es sich bequem laufen läßt. Nach 35 Minuten, hinter einem einzeln stehenden Haus, endet der Fahrweg, und wir steigen eine Rinne hinab zum Meer (nicht auf dem Weg weiter bis zu einem Maschendrahtzaun – gefährlicher Abstieg!). Am Kiesstrand weiter, erreichen wir nach 1¼ Stunden, vorbei an Gewächshäusern, **Kókkinos Pírgos**. Dort folgen wir der Straße; die beste Einkehr scheint die Fischtaverne Diónisos, wo man angenehm unter Tamarisken am Strand sitzen kann. In Kókkinos Pírgos beginnt ein 8 km langer Strand, der bis zum Kómmos-Beach reicht. Es ist einer der schönsten noch unverbauten Strände Kretas, was wohl dem mittlerweile aufgelassenen Militärflughafen im Hinterland zu verdanken ist.

An der linken Seite des Hafens folgen wir der Uferstraße, die nach 10 Minuten endet. Die nächsten 1½ Stunden wandern wir über den Sand- und Kiesstrand und später über Abplattungen. Vor **Kalamáki** erwarten uns einige Felsen, die aber nicht höher als 30 Meter sind. Von einem Ort läßt sich kaum sprechen – hier wurde ganz einfach im Wildwuchs ein Haus neben das andere gestellt. Ungefähr eine halbe Wegstunde weiter beginnt bei einer Hütte mit Schild »Sea Flights« der Weg nach Pitsídia hinauf. Der Strand bis zum Beginn der Steilküste heißt **Kómmos-Beach** und ist der Hausstrand des im Landesinnern gelegenen **Pitsídia**. Eine halbe Stunde ist es vom Strand bis in das Dorf mit seinen familiären Unterkünften und Tavernen.

Man kann auch an der Küste entlang weiterwandern nach **Mátala**: vom Kómmos-Beach zuerst oberhalb der Steilküste weiter und dann über ins Meer abfallende Platten mit vielen Muscheln, Seesternen und Seeigeln zu den Felsen von Mátala, die aber (da eingezäunt) landeinwärts umgangen werden müssen. (Für diesen Teil der Wanderung sind Schuhe nötig.)

37 Móni Odigítrias

Schluchtwanderung zur byzantinischen Kirche Agios Nikólaos an der Küste

Móni Odigítrias – Agios Nikólaos – Strand

Móni Odigítrias – eine liebevoll gepflegte, sehenswerte Klosteranlage.

Ausgangspunkt: Kloster Odigítrias auf der Messará-Ebene, von der Zufahrtsstraße nach Mátala vor Pitsídia nach Sívas abzweigen, weiter nach Listarós und auf 4 km langer Schotterstraße zum Kloster.
Gehzeiten: Kloster – Straßen-Abzweigung ¾ Std., Straßen-Abzweigung – Schluchtbeginn ¾ Std., Schluchtwanderung – Kirche/Bucht ½ Std.; Gesamtgehzeit 4½ – 5 Std.
Höhenunterschied: Abstieg 300 m, Aufstieg 300 m.
Anforderungen: Leichte Wanderung, teils auf Schotterstraße, teils im Kiesbett,
wenig Schatten, leichte Orientierung.
Einkehr und Unterkunft: In den Dörfern der Messará-Ebene; in der Nähe von Mátala zahlreiche Zimmerangebote und Tavernen, große Auswahl in Mátala und Míres.
Busverbindung: Iráklion – Mátala mehrmals täglich, Haltestelle an Abzweigung Sívas, nähere Anfahrt nur mit Pkw möglich.
Tip: Die Messará-Ebene bietet archäologische Sehenswürdigkeiten in konzentrierter Form: Festós, Agia Triáda, Agii Déka, Gortís; ebenso ist Mátala außerhalb der Saison einen Besuch wert.

Das **Kloster Odigítrias**, aussichtsreich auf einer Hügelkuppe in 275 m Höhe gelegen und nach drei Seiten durch steiles, felsiges Gelände abgesichert, ist der Ausgangspunkt dieser Wanderung. Erreicht wird dieser Ort von der Messará-Ebene aus über die Dörfer Sívas und Listarós (ab hier 4 km gut befahrbare Schotterstraße), die im Gegensatz zum mächtigen Touristenrummel in der Nähe von Mátala eine bescheidene Ruhe ausstrahlen. Die sehr gepflegte, große Klosteranlage wird nur noch von einem Mönch und seiner Mutter bewohnt; die beiden renovieren und pflegen liebevoll das große Anwesen. Für Besucher: Frauen können nur mit Rock oder Kleid, Männer nur mit langer Hose die Anlage betreten!

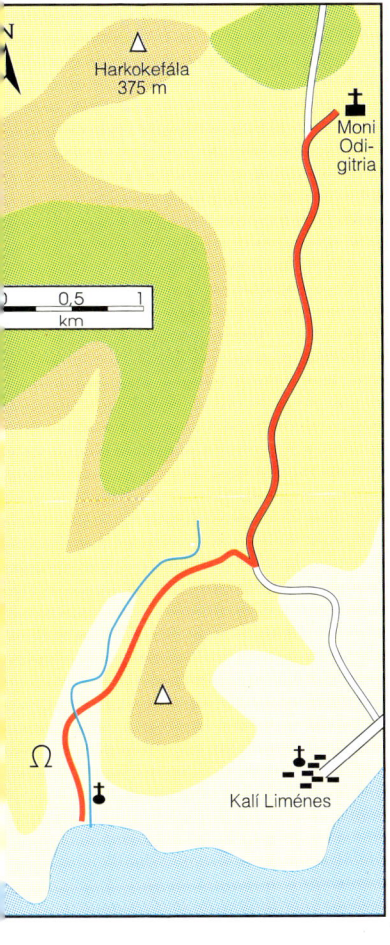

Vom Klosterhügel aus zieht sich über einige Serpentinen die Schotterstraße weiter hinab Richtung Kalí Liménes. Nach 3 km, hinter einigen Schaf- und Ziegenställen auf der rechten Seite (nach dem letzten eingezäunten landwirtschaftlichen Anwesen), zweigt rechts eine breite **Schotterstraße** ins tiefergelegene Flußtal ab. Die immer schlechter werdende Straße führt in das weite Tal hinab und dort neben, teilweise auch im Flußbett nach Süden. Bei einigen **Stallungen** mit eingezäunten Weideflächen auf der rechten Flußseite endet die Straße. Das Tal wird auf beiden Seiten von gelben Sandsteinformationen eingefaßt, die nach und nach enger zusammenrücken. Ein schmaler Fußweg folgt nun dem Bachlauf, der nur im Winter hin und wieder etwas Wasser führt, aber dicht mit Oleander bewachsen ist. Nach etwa einer halben Stunde lösen steilere Kalksteinformationen den Sandstein ab. Das Tal verengt sich zur **Schlucht** – der Halbschatten ist angenehm nach der gleißenden Sonne im flachen Gelände. 20 Minuten später befinden wir uns mitten in der engen Schlucht, auf beiden Seiten Felshöhlen und große Felsausbrüche mit rötlichem Gestein. Noch eine Viertelstunde wandern wir in der Schlucht, bis wir auf der linken Seite, eng an die Felswand gebaut, die gut erhaltene byzantinische **Kirche des Hl. Niko-**

laus sehen (am Eingang Zisterne). Nach der Kirche öffnet sich die Schlucht zu einem großen, fast kreisrunden Talkessel, die Felswände werden niedriger und eine schöne Kiesbucht, eingefaßt von Felsen, zeigt das Ziel der Wanderung an. Nur zu Fuß oder per Boot ist diese idyllische **Badebucht** erreichbar, aber dennoch herrscht hier im Sommer reger Betrieb.

Die Weißen Berge

Das größte und geschlossenste Gebirgsmassiv Kretas stellt in vieler Hinsicht eine Besonderheit dar: Hier konzentrieren sich die meisten hohen Berge (40 Gipfel über 2000 m), außerdem befinden sich hier die meisten Schutzhütten des EOS (Sektion Haniá) – die Kallergi-Hütte oberhalb von Omalós, die Volika-Hütte im Norden (erreichbar von Kámbi aus), und die neue Távri-Hütte unterhalb des Kástro-Massivs im Osten der Weißen Berge. Im Winter ist dieses Gebiet das einzige, das ab einer Höhe von 1000 m (oft über Wochen hinweg) eine geschlossene Schneedecke aufweist – für Kenner bieten sich sogar Skidurchquerungen an. Und schließlich ist diese Bergregion Kretas größter Wasserlieferant. Die wenigen Flüsse der Insel, die das ganze Jahr über Wasser führen und die zahlreichen ergiebigen Quellen, bis hinab zur Südküste, werden davon gespeist.

Eine der größten Schluchten Europas, die Samariá-Schlucht, einzigartiges Naturwunder und größter Touristenmagnet der Insel, liegt eingebettet in diesen Bergen und ist Heimat und Rückzugsgebiet zahlreicher seltener Pflanzen, Baumarten und der vom Aussterben bedrohten Wildziegenart der Kri-Kri. Hier wurde Kretas einziger Nationalpark eingerichtet (1962) – er soll dieses Naturdenkmal schützen, ist damit aber zugleich ein Magnet für täglich Tausende von Besuchern geworden. Daneben gibt es für den Bergwanderer noch einige schöne, zum Teil gleichwertige und meist anspruchsvollere Schluchten, die von den Weißen Bergen nach Süden hinabziehen, so die Schlucht von Agia Iríni, die Arádhena-, die Anópolis- und die Imbros-Schlucht, um nur einige zu nennen.

In den Randbereichen der Weißen Berge finden sich zahlreiche schöngelegene Bergdörfer. Lange Zeit vom Tourismus vergessen, haben sich hier (besonders in der Sfakiá, dem südöstlichen Teil der Weißen Berge) die Traditionen und Eigenarten der Kreter wesentlich stärker gehalten. Die Weißen Berge bieten dem ambitionierten Wanderer sehr lange und mühsame Bergtouren, etwa die Besteigung einiger hoher Gipfel der Weißen Berge von der Omalós-Ebene aus oder die Besteigung des Kástro (lange Tagestour). Die Omalós-Ebene im Westen und die Askífou-Ebene im Osten des Gebirgsmassivs bieten sich als ideale Ausgangspunkte für die schönsten und anspruchsvollen Bergwanderungen an. Besonders in der sehr heißen Sommerzeit sind Wanderungen in den Hochregionen Westkretas eine willkommene Abwechslung zum reinen Badeurlaub. In den kleinen Dörfern bieten Familien gemütliche Unterkünfte und eine gute, traditionelle Küche an.

Der von üppiger Vegetation umgebene Ort Mesklá.

38 Von Thérisso nach Mesklá

Bergdörfer am Fuß der Weißen Berge

Thérisso – Zoúrva – Mesklá

Ausgangspunkt: Südliches Ortsende von Thérisso, 550 m. Das Dorf liegt am Ende der Thérissiano-Schlucht, 14 km südlich von Haniá, und ist der Geburtsort von Venizelos.
Gehzeiten: Thérisso – Zoúrva 1¼ Std., Zoúrva – Mesklá 1 Std.; Gesamtgehzeit 2¼ Std.
Höhenunterschied: Aufstieg 200 m, Abstieg 500 m.
Anforderungen: Leichte Wanderung. Abstieg bequem auf Schotterstraße.
Einkehr und Unterkunft: Kafenía in Thérisso, Zoúrva (einfache Gerichte) und Mesklá. Hotels und Campingplätze in Haniá.
Busverbindung: Haniá – Thérisso 7.30 Uhr, Mesklá – Haniá 14.30 Uhr (werktags).

Für die Kreter ist Thérisso von besonderer Bedeutung. In diesem Dorf wurde der Unabhängigkeitskämpfer und Nationalheld Kretas und einer der größten Staatsmänner Griechenlands, Eleftherios Venizelos, geboren. Man gelangt dorthin, wenn man am südwestlichen Stadtrand von Haniá die Ausfallstraße nach Perivólia/Thérisso nimmt. Schon bald zwängt sich die Straße in die platanenbewachsene schattige Schlucht. Das von viel Grün umgebene Dorf Thérisso liegt auf 550 m, vor der Kulisse der im Frühjahr schneebedeckten Weißen Berge und am Ende einer der schönsten Schluchten Kretas, die mit ihren fast senkrechten Wänden ein lohnendes Wanderziel abgibt.

Die Kirche von Mesklá.

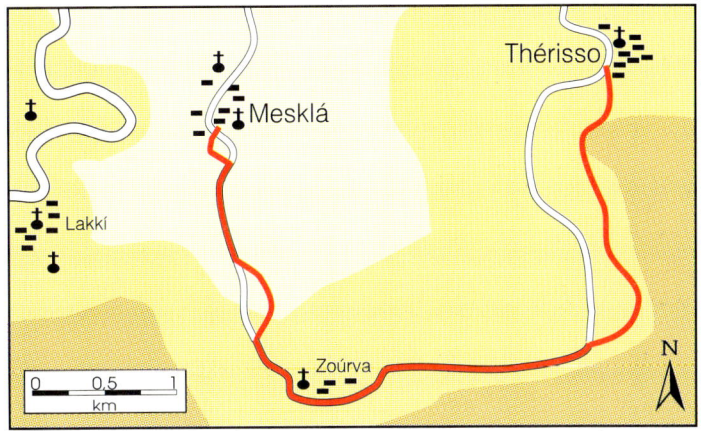

Wir verlassen Thérisso am südlichen Ortsende bei der alten zweischiffigen **Agia Aikateríni-Kirche**, die sich unter einer riesigen Platane befindet. 20 Meter dahinter (beim Ortsschild), zweigt links ein Fußpfad ab, der den Fluß entlangführt. Nach 10 Minuten kommen wir an einen Fahrweg, der auf einer Brücke den Bach überquert. Wir bleiben aber rechts und gehen durch einen Drahtzaun weiter, rechts am Bach entlang hinauf. Der Pfad entfernt sich allmählich vom Bach und gabelt sich nach 35 Minuten bei Oleanderbüschen. Wir bleiben auf dem rechts abzweigenden, oberen Pfad und erreichen einen mit Draht eingezäunten Pferch und darüber eine **Schotterstraßenkreuzung**, die wir geradeaus überqueren. In der Ferne sehen wir das Dorf Lákki mit der großen blauen Kirchenkuppel. Am linken Ende des vordersten Bergrückens erkennen wir **Zoúrva** – wir erreichen den Ort auf der Schotterstraße, die sich unter einer hohen Felswand, von Zypressen beschattet, dorthin zieht. Ein Kafeníon mit einer gemütlichen Terrasse lädt ein zur Rast, außerdem lohnt sich eine Besichtigung der gut erhaltenen Holzbacköfen.

Anschließend gehen wir die Straße durch den Ort weiter und auf der Teerstraße am Friedhof vorbei bergab. 20 Minuten nachdem wir Zoúrva verlassen haben, zweigt nach rechts ein Abkürzungspfad ab (*markiert*). Er führt steil abwärts. 5 Minuten später folgen wir einem Schotterweg, der kurz darauf nach einer Rechtskurve in einen anderen mündet. Diesen weiter links abwärts – er trifft nach 20 Minuten wieder auf die von Zoúrva kommende Fahrstraße, die nach Mesklá führt. Nach dem ersten Haus von **Mesklá** zweigt nach links ein Abkürzungspfad in den Ort ab. Bald umgibt uns das Geräusch rauschenden Wassers (Orangenpflanzungen). 400 Meter nach einer Brücke finden wir zwei Kafenía und die Bushaltestelle.

39 Von Kámbi auf die Volika-Schutzhütte, 1260 m

Von Norden in die Weißen Berge

Kámbi – Volika-Schutzhütte – Kámbi

Steinerner Hirtenbau beim Aufstieg in die Weißen Berge.

Ausgangspunkt: Kirche (Bushaltestelle) in Kámbi, 25 km von Haniá entfernt.
Gehzeiten: Kámbi – Einschnitt 1¼ Std., Einschnitt – Schluchtabstieg 1¼ Std., Schluchtabstieg – Volika-Hütte 1 Std. Abstieg 2½ Std.; Gesamtgehzeit 6 Std.
Höhenunterschied: 670 m.
Anforderungen: Teilweise markiert. Kondition und etwas Orientierungssinn

erforderlich. Gutes Schuhwerk. Ausreichend Wasser mitnehmen.
Einkehr und Unterkunft: Zwei Kafenía in Kámbi; bei Besorgung des Schlüssels (EOS Haniá) Nächtigung in der Volika-Hütte; in Haniá Hotels und Campingplätze.
Variante: Von der Hütte Besteigung des Mávri, 2069 m, oder Spáthi, 2046 m.
Busverbindung: Von Haniá.

Ausgangspunkt ist die **Kirche** am Dorfplatz, wo auch der Bus hält. Wenn man vor der Kirche steht, sieht man hinter dem Kafeníon in der Ferne einen bewaldeten Schluchthang. Etwas oberhalb der Baumgrenze liegt unser Ziel, die Volika-Berghütte. Wir gehen rechts am Kafeníon vorbei die Schotterstraße genau nach Süden auf die Berge zu. Bei einer Gabelung nach einem kleinen Kafeníon und einem Wegschrein nach rechts. Bei der nächsten Weggabelung gelangen wir zwischen zwei Olivenbäumen hindurch zu den südlichen Häusern von Kámbi. Bei den Häusern gleich wieder rechts und links (nächste Gabelung) an einem Weinberg vorbei. Nach einer halben Stunde erreichen wir eine **Stallung**: vor dieser den Weg links steil hoch. Auf der Kuppe sehen wir die höchsten Gipfel der Berge und den davor befindlichen schluchtartigen Einschnitt. Rechts werden diese begrenzt durch einen hohen höckerförmigen bewaldeten Berg. Genau in dieser Richtung weiter (vereinzelt *Steinmänner*), dann wieder genau auf den schluchtartigen Einschnitt zu. Ein breiter Weg überwindet einen Graben – beim Wiederanstieg ist auf einem Felsbrocken ein mit roter Farbe geschriebenes *EOS* zu erkennen.

Der Weg ist jetzt häufiger markiert, in der anschließenden Steinwüste können wir die Markierungen allerdings oft nur schwer ausmachen. Also an einem kleinen Steinhaufen rechts vorbei und durch die Steinwüste. Dann weiter über dem rechten Schluchtrand. Die Schlucht wird später gequert; der Weg ist hier deutlich genug. Weiter oben teilt sich die Schlucht. Hier die linke **Rinne** aufwärts. Bald entdecken wir ein kleines geologisches Wunder: das Gestein ist wie Blätterteig geschichtet. Vornehmlich auf Platten geht es nun bequem hinauf zur 1260 m hoch gelegenen **Volika-Hütte**. An Wochenenden findet man die Hütte öfters geöffnet vor – sie ist ein beliebtes Ausflugsziel der Mitglieder des Bergsteigervereins Haniá (Wasser nur in der Hütte).

Die Hütte ist ein idealer Ausgangspunkt für die Besteigung der nördlichen Zweitausender der Weißen Berge. Orientierungssinn und alpine Erfahrung sind für diese Touren allerdings unumgänglich. Zwei Stunden braucht man jeweils auf den Mávri, 2069 m, und den Spáthi, 2046 m, etwas weiter ist es zur Agia Pnévma, 2254 m, und zum Griás Sorós, 2231 m.

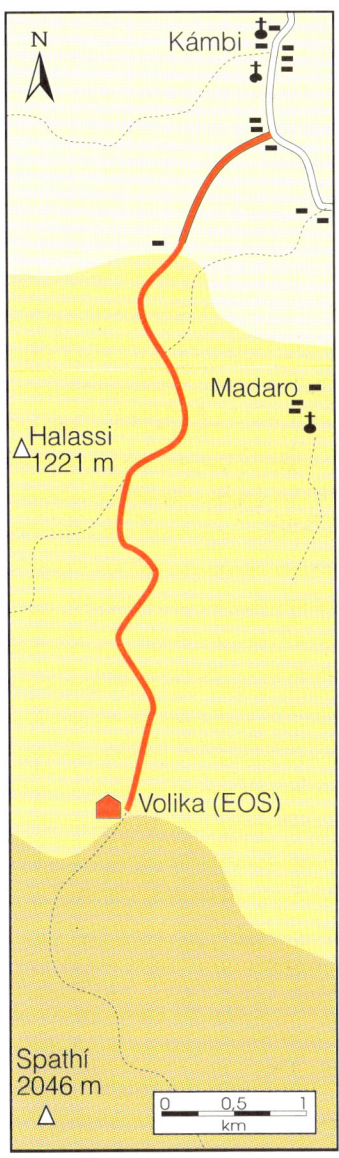

40 Von Omalós auf die Kallérgi-Hütte, 1677 m, und zum Melindaoú, 2133 m

Im Zentrum der Weißen Berge

Xylóskalo – Kallérgi-Hütte – Psári – Mávri – Melindaoú

Ausgangspunkt: Xylóskalo, 1300 m, am oberen Rand der Omalós-Ebene, direkt am Parkplatz am Eingang zur Samariá-Schlucht, oder 800 m vor dem Parkplatz, wo nach links die Schotterpiste zur Kallérgi-Hütte abzweigt (Beschilderung).
Gehzeiten: Xylóskalo – Kallérgi-Hütte 1 Std., Kallérgi-Hütte – Hirtensattel 50 Min., Hirtensattel – Psári 1 Std., Psári – Mávri ½ Std., Mávri – Melindaoú ¾ Std., Rückweg bis Xylóskalo 3 Std.; Gesamtgehzeit 7 Std.
Höhenunterschied: Aufstieg 1000 m, Abstieg 1000 m.

Anforderungen: Leichte, aber anstrengende Bergwanderung, die halbe Strecke kann auf einer Schotterpiste zurückgelegt werden, sonst schmaler Steig (Markierung vorhanden). Gutes Schuhwerk. Kein Schatten. Kein Trinkwasser unterwegs.
Einkehr und Unterkunft: In Omalós, Pensionen und Hotel, Kallérgi-Hütte Lager (tel. Anfrage notwendig, ✆ 0821/54560), Xylóskalo Taverne und Kiosk.
Busverbindung: Haniá – Omalós mehrmals täglich (Mai bis Oktober), letzte Rückfahrt von Xylóskalo nach Haniá um 16.00 Uhr.

Vom oberen Rand von **Omalós** aus, der zwischen 1100 m und 1300 m Höhe gelegenen Ebene, zieht ca. 1 km vor dem Parkplatz nach links eine Schotterpiste in steilen Serpentinen bis zur **Kallérgi-Hütte**, 1677 m, hinauf. Die Hütte, im Stil einer Berghütte aus dem Alpenbereich eingerichtet und geführt, liegt hinter einem Kamm, mit freiem Blick hinab in die Samaría-

Schlucht und auf das gegenüberliegende Gíngilos- und Volakías-Massiv. Gut eine Stunde braucht man für diesen Aufstiegsweg. Kürzer und schöner jedoch ist der **Fußweg** (direkt vom Schluchteingang links den Hügel querend hinauf, nur mehr die zweite Hälfte der Straße entlang) zur Hütte, für den man knapp eine Stunde benötigt.

Von der **Hütte** aus folgt man zunächst wieder der Schotterstraße nach Osten. Sie windet sich in vielen Kehren durch die kargen Hügel und gelangt nach knapp einer Stunde zum **Hirtensattel** unterhalb des Berges Psári. Ein *Hinweisschild* zeigt den Aufstiegsweg an, ein Stück weiter oben beginnen die *roten Markie-*

Blick über die tiefeingeschnittene Samariá-Schlucht hinweg zum Melindaoú.

rungen. Es ist ein Steigen und Gehen fast ohne Weg – freies Gelände, Schotterhügel, Steine und größere Felsen mit spärlichem Bewuchs prägen die Landschaft. Dafür aber bietet sich ein ständig wechselnder Ausblick, mal nach Norden hinab zur Küste, mal nach Westen über das Samariá-Tal zur gegenüberliegenden Gebirgskette. Nach knapp einer Stunde erreichen wir

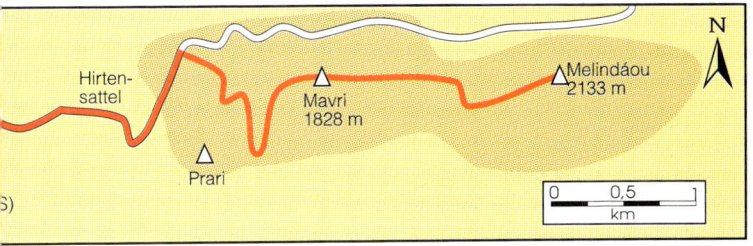

den Gipfel des **Psári**. Nach einer weiteren halben Stunde gelangen wir über den Rücken zum Nachbargipfel, dem **Mávri**. Es folgt ein leichter Abstieg in die nächste Mulde, von der wir, der *gelben Markierung* folgend, über den Grat zum Gipfel des **Melindaoú**, 2135 m, aufsteigen. Erst jetzt sieht man die weiteren Kegel der noch ein wenig höheren Gipfel des Pahnés-Massivs. Eine beeindruckende Landschaft – nur Geröll, Felsen, kegelförmige Berge; kein Laut ist zu hören. Auf dem bekannten Weg geht es wieder zurück zur Kallérgi-Hütte und über die Straße hinab nach Omalós.

41 Auf Gíngilos, 2080 m, und Volakías, 2126 m

Zweitausender über der Samariá-Schlucht

Xylóskalo – Gíngilos – Volakías

Ausgangspunkt: Xylóskalo, 1300 m, der obere Rand und zugleich südlichste Punkt der Hochebene von Omalós. Etwa eine Dreiviertelstunde Gehzeit muß man für die Straße von Omalós quer durch die Hochebene rechnen, wenn man nicht auf den Bus oder einen PKW angewiesen sein möchte.

Gehzeiten: Parkplatz – Quelle 1 Std., Quelle – Sattel ½ Std., Sattel – Gipfel Gíngilos 1½ Std., Gíngilos – Gipfel Volakías ¾ Std.; Gesamtgehzeit 6½ Std.

Höhenunterschied: Aufstieg Gíngilos 850 m, Aufstieg Volakías 150 m, Gesamtabstieg 1000 m.

Anforderungen: Mäßig schwierige Bergbesteigung, zum Teil im felsigen Gelände, Trittsicherheit und Schwindelfreiheit notwendig, im Frühjahr bedecken ausgedehnte Schneefelder oft die vielen Löcher und Karsthöhlen (Einbruchgefahr).

Einkehr und Unterkunft: Siehe Tour 42.

Busverbindung: Siehe Tour 42.

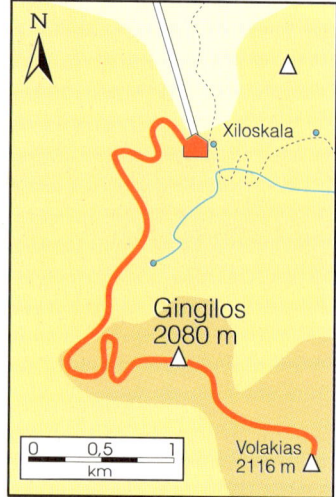

Die Omalós-Hochebene mit ihren Übernachtungsmöglichkeiten, vor allem mit dem ganzjährig geöffneten und sehr gut geführten kleinen Hotel Neos Omalós, ist ein idealer Ausgangspunkt für eine ganze Reihe von Bergbesteigungen in den Weißen Bergen.

Am **Parkplatz**, direkt am Eingang zur Samariá-Schlucht, beginnt der Anstieg, vorbei an der ehemaligen Schutzhütte **Xénia**, die, weil sie bereits auf dem Gelände des Nationalparks liegt, keine Übernachtungen mehr anbieten darf. Direkt an ihrem Eingang vorbei (von der Terrasse lohnender Rundblick), geht es an einem *Hinweisschild*, das auf die Quelle oberhalb hinweist, links am steilen Hang hinauf. Wir verfolgen den gut ausgebauten Weg, der in vielen Serpentinen den steilen Bergrücken hinaufzieht. Nach ca. 30 Minuten quert der Weg leicht fallend in das von der Samariá-Schlucht heraufziehende enge Seitental hinab. Mit ihren vielen großen alten Kiefern, bizarren Wurzelgebilden und steilen und mächtigen Felsformationen ist diese Landschaft durchaus mit den hochalpinen Regionen unseres Alpenraums vergleichbar. Immer wieder ergibt sich ein schöner Blick über die tief unter uns liegende Samariá-Schlucht hinweg auf die gegenüberliegenden Berge, den Pahnés

Der breite Felsenrücken des Gíngilos. Links daneben der Volakías.

und einige andere Zweitausender. Durch ein großes Felsentor wandern wir weiter in die Schlucht hinab; nach gut einer Stunde erreichen wir die **Quelle**, die in 1700 m Höhe mitten aus dem Geröll entspringt und den Wanderer zuverlässig das ganze Jahr über mit köstlich klarem Wasser versorgt. Von der Quelle führt ein schmaler Steig in vielen Serpentinen hinauf in den **Sattel** zwischen Psiláfi und Gíngilos, 1850 m (schöner Blick über die Trípiti-Schlucht zum Libyschen Meer). Der Steig zieht nun, vorbei an einer tiefen, senkrecht nach unten führenden Höhle, den steilen Felshang hinauf – bei diesem Aufstieg ist einige Trittsicherheit und Schwindelfreiheit notwendig, an manchen steileren Stücken müssen auch die Hände für das nötige Gleichgewicht sorgen. *Steinmännchen* und *rote Markierungspunkte* weisen den Weg, und über meist sehr festen Fels erreichen wir den flachen Gipfelaufbau, wo eine aufgeschichtete Steinpyramide den Gipfel des **Gíngilos** markiert. Ein faszinierender Rundblick: im Norden Haniá mit der Küstenregion, unter uns die fast kreisrunde Omalós-Ebene, im Osten die vielen Gipfel der Weißen Berge und im Süden die Inseln Gávdos und Gavdopoúla.

Ein kurzer Abstieg im Schotter, eine Querung, und nochmals 150 Höhenmeter, und schon stehen wir auf dem zweiten Gipfel, dem **Volakías**, 2126 m. Bei einer längeren Pause genießen wir hier in aller Ruhe den Ausblick.

Auf dem Rückweg queren wir weglos den Südhang etwas unterhalb des Gipfelpunktes des Gíngilos und erreichen vor dem Steilstück wieder die bekannte Aufstiegsroute, die uns zurück zum Ausgangspunkt bringt.

42 Die Samariá-Schlucht

Im Nationalpark Kretas

Xylóskalo – Agios Nikólaos – Samariá – Agia Rouméli

Ausgangspunkt: Xylóskalo, 1300 m, der obere Rand und zugleich südlichste Punkt der Hochebene von Omalós, am Ende der Verbindungsstraße vom 42 km entfernten Haniá.
Gehzeiten: Xylóskalo – Agios Nikólaos 1½ Std., Agios Nikólaos – Samariá 1 Std., Samariá – Agia Rouméli 2½ Std.; Gesamtgehzeit 5 Std.
Höhenunterschied: Abstieg 1300 m.
Anforderungen: Leichte, aber lange und mühsame Schluchtwanderung mit guter Weganlage. Im unteren Teil Bachquerungen, vor allem im Mai noch höherer

Wasserstand. Gute Schuhe auch bei sicherem und trockenem Wetter notwendig (wegen der vielen staubbedeckten, blankgeschliffenen Steinstufen). Eintrittsgebühr: 1000 Drachmen.
Einkehr und Unterkunft: In Haniá, Omalós und Agia Rouméli zahlreiche Tavernen und Pensionen. In Xylóskalo Kiosk und Taverne, keine Übernachtungsmöglichkeit.
Busverbindung: Haniá – Omalós dreimal täglich von Mai bis Oktober.
Schiffsverbindung: Agia Rouméli – Hóra Sfakíon mehrmals täglich.

Die Begehung der Samariá-Schlucht ist die wohl bekannteste und meistbesuchte Wanderung Kretas. Von 1300 m Höhe steigt man auf einer Länge von etwa 16 km aus der Hochgebirgslandschaft hinab in ein unvergleichlich schönes Gebirgstal, durchwandert im Mittelteil die engen Schluchtpassagen und erreicht schließlich die Talöffnung und das Meer. Größere Gegensätze sind selbst auf dieser Insel nicht mehr möglich.
Leider sind die Auswirkungen des Massentourismus gerade in dieser besonders schönen und schutzbedürftigen Region sehr deutlich zu sehen.

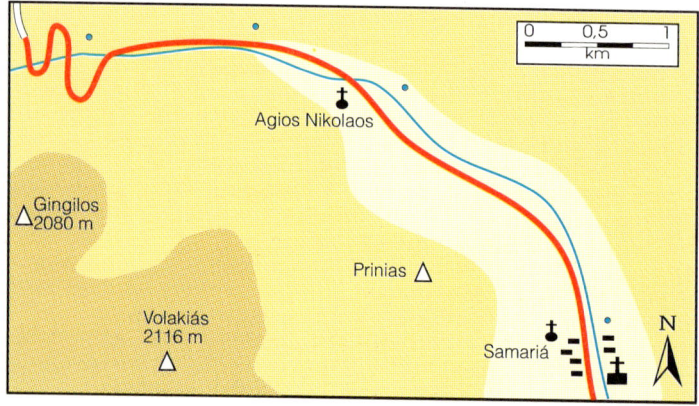

Busladung für Busladung ergießt sich von oben in die Schlucht: lärmend, photographierend, mit Videokameras beladen, eilen die Besucher durch die Schlucht, ein Verweilen und gemütliches Schauen und Betrachten ist damit unmöglich. Viele Touristen kehren nach wenigen Minuten oder spätestens nach einer Stunde wieder um, so daß es im Mittelteil der Schlucht vergleichsweise ruhig ist. Allerdings kommen dann vom Meer her genauso große Scharen von Touristen bis zur engsten Stelle entgegen, so daß das Schlußstück der Wanderung wieder im großen Trubel untergeht. Ein möglichst frühzeitiger Aufbruch lohnt sich daher in jedem Fall.

Anfangs geht es fast eine Stunde lang über Hunderte von Stufen steil bergab. Auf der rechten Talseite erhebt sich der mächtige Gíngilos mit seiner über 1000 m hohen Felswand. Der Weg ist gut ausgebaut und an allen notwendigen Stellen mit Geländer versehen. Jedes Jahr sind umfangreiche Renovierungsarbeiten am Weg notwendig, da Regen und Schnee oft schlimme Verwüstungen anrichten. Während der Winterzeit (Oktober bis Mai) ist die Schlucht ohnehin geschlossen (der Eingang wird zu dieser Zeit bewacht), da immer wieder erheblicher Steinschlag und Felssturz den Weg gefährden; dies gilt übrigens für die meisten Schluchten in Kreta. Nach dem Kirchlein **Agios Nikólaos** verläuft der Weg neben dem Flußbett. Der große Artenreichtum an Bäumen und alpinen Pflanzen, große Felsblöcke und viele Quellen ma-

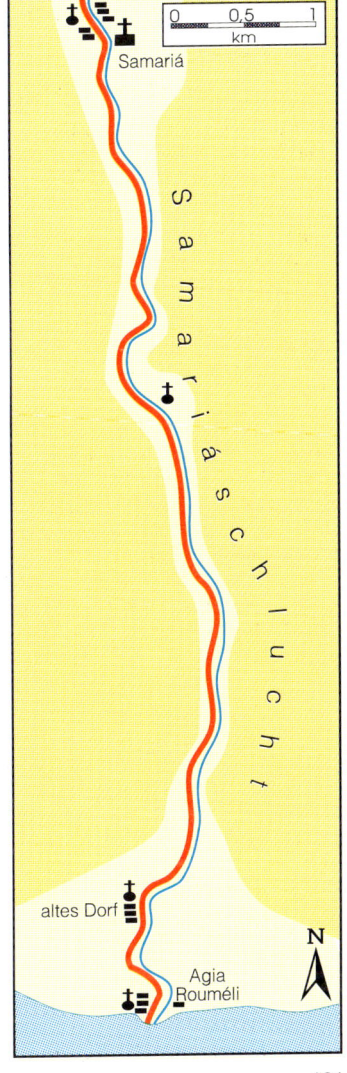

Bogenbrücke am alten Dorf von Agia Rouméli.

chen die einmalige Schönheit dieses Tales aus. Bis zur ehemaligen Siedlung
Samariá führt der Weg meist im Schatten von großen Kiefern und Zypressen.
Ein Talkessel tut sich auf und erlaubt den Blick nach oben zu den mächtigen
Bergmassiven des Pahnés und Volakías. Das alte Dorf **Samariá**, das wir
nach 3 Stunden Fußmarsch erreichen, liegt an einer verhältnismäßig engen
Stelle des Tales, so daß es nachmittags nur wenige Stunden Sonne erhält.

Einige der alten Häuser wurden renoviert und dienen jetzt als Erste-Hilfe-Station, als Informationsstelle und als Unterkunft für die Arbeiter des Nationalparks. Das Tal wird jetzt immer enger, die teilweise überhängenden Wände sind oft mehr als 300 Meter hoch, dann werden die **Sidheropórtes** (Eisernen Pforten) erreicht, mit nur drei Metern Breite die engste Stelle der Schlucht. Plötzlich, nach dem Passieren der Engstelle, tritt man schließlich nach langer Zeit hinaus in die volle Sonne und spürt die Hitze der Südküste.

Im **alten Dorf Samariá** ist die Nationalparkgrenze erreicht. Die Eintrittstickets werden kontrolliert, da ein Übernachten in der Schlucht nicht erlaubt ist, und der touristische Alltag stellt sich sofort wieder ein. Ein halbes Dutzend schnell aufgestellter Kioske bieten alles das, was anscheinend in den wenigen Stunden vermißt wurde, und unmittelbar neben dem Wegrand türmen sich die Abfallberge. Durch die Ruinen des alten Dorfes, geht es nun in 5 Minuten zum neuen Ort **Agia Rouméli**, der direkt am großen Kiesstrand erbaut wurde. Hier werden die ankommenden Besucher aufgenommen und verköstigt, bis sie mit den Fähren weiterfahren.

Es empfiehlt sich jedoch hier zu bleiben und erst am nächsten Tag weiterzuwandern oder -zufahren, denn die Abendstunden bringen eine ungewöhnliche Ruhe und Beschaulichkeit und lassen etwas erahnen von der jahrhundertelangen Abgeschiedenheit dieses Ortes.

Am Ausgang der Samariá-Schlucht liegt das neue Dorf Agia Rouméli.

43 Auf den Kástro, 2218 m

Von Amoudári über die Távri-Hütte auf den Kástro

Amoudári – Távri-Hütte – Kástro

Ausgangspunkt: Amoudári, 740 m, auf der Askífou-Ebene, an der Verbindungsstraße Vrísses – Hóra Sfakíon.
Gehzeiten: Amoudári – Távri-Hütte 2 Std., Távri-Hütte – Straßenende 1 Std., Aufstieg über den Nordostgrat 2½ Std., Abstieg über den Südostgrat 2 Std., Rückweg ab 2. Hochebene 2 Std.; Gesamtgehzeit 9½ Std.
Höhenunterschied: Aufstieg 1500 m, Abstieg 1500 m.
Anforderungen: Unschwierige, aber anstrengende und mühsame Bergwanderung – zum großen Teil im weglosen

Gelände, das sicheres Gehen verlangt. Für das scharfkantige Blockgestein und die zahlreichen Felsplatten sind stabile Trekking- oder Bergschuhe notwendig. Bei ausgedehnten Altschneefeldern in den Hochlagen ist Vorsicht geboten, da wegen der zahlreichen tiefen Felslöcher und Felsspalten Einbruchgefahr besteht.
Einkehr und Unterkunft: Zimmer und Tavernen in Amoudári, Vrísses, Hóra Sfakíon.
Busverbindung: Haniá – Hóra Sfakíon über Vrísses und umgekehrt mehrmals täglich.

Die Besteigung des Kástro, des östlichsten Zweitausenders der Weißen Berge, erfordert eine gute Kondition, Trittsicherheit, Orientierungsvermögen und eine stabile Wetterlage, da es sich um eine lange Tagestour handelt und es so gut wie keine Unterstellmöglichkeiten gibt. Gewitter, die in Kreta bis in den Sommer hinein und auch im Herbst möglich sind, bilden sich sehr schnell und sind heftiger und gefährlicher, als wir sie von den Alpen her kennen.

Das 740 m hoch gelegene Dorf **Amoudári** dient als Ausgangspunkt für unsere Bergtour. Von der Hauptstraße Richtung Hóra Sfakíon zweigt eine Straße rechts ab zur Kirche. An der Kirche vorbei bergauf, an einer Molkerei vorbei, führt die Straße in vielen Windungen die steile Hügelkette hinauf zur ersten Hochebene. In der ersten engen Linkskurve 100 Meter nach dem Dorf gehen wir geradeaus, dem alten Weg folgend, zu einer großen neuen Zisterne und links an einem Schafstall vorbei, in den Wald hinein nach oben. Nach etwa einer halben Stunde überqueren wir die **Schotterstraße** und verfolgen auf der anderen Seite wieder den alten Fußweg. Er zieht sich im lichten Bergwald aus Kiefern und Eichen in Serpentinen nach oben

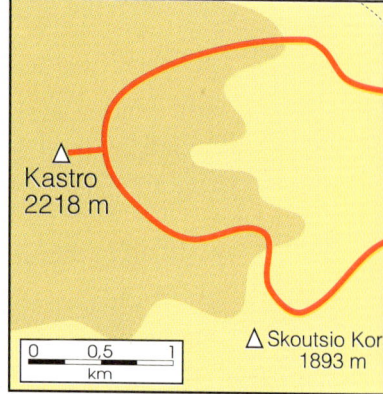

Die Askífou-Ebene, im Hintergrund Amoudári.

und überwindet auf 1150 m Höhe den Rand der ersten Hochebene. Leicht
bergab gelangen wir in flaches, landwirtschaftlich genutztes Gelände, und
treffen wieder auf die Schotterstraße. Dieser folgen wir nach links und
erreichen nach einem weiten Bogen eine Abzweigung. Links, in 500 Metern

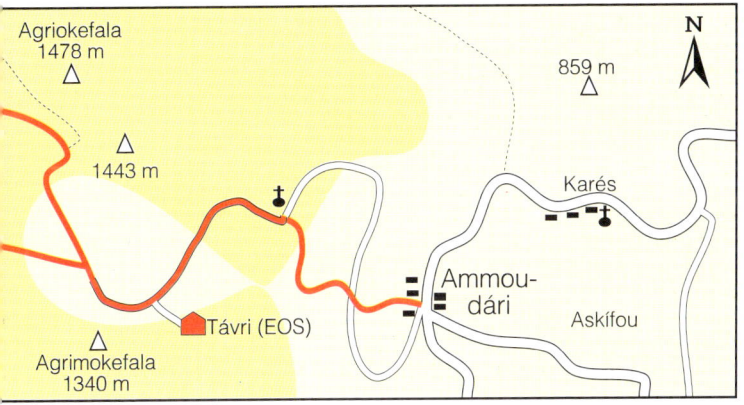

Entfernung, liegt die neu erbaute **Távri-Hütte** der Sektion Haniá des EOS (der Schlüssel ist über das Büro in Haniá zu bekommen).

Rechts wandern wir in einer weiten Schleife auf die zweite Ebene, die sich fast kreisrund und völlig eben auf einer Höhe von 1240 m ausbreitet. Am Beginn dieser Ebene liegt rechts, in 30 Metern Entfernung von der Straße, eine große Zisterne, die auch im Herbst noch kühles und sauberes Wasser liefert. Von hier aus hat man auch einen guten Überblick über den weiteren Wegverlauf. Die Straße führt in einem weiten Bogen außen um die Ebene, wir durchqueren die Fläche und halten auf den rechten (nördlichen) Rand zu. Die beiden nach Osten herabziehenden **Gratrücken**, die an der Ebene enden, bilden jeweils die Aufstiegs- und Abstiegsroute. Am oberen Rand der Ebene treffen wir wieder auf den Fahrweg und folgen diesem bis zum **Ende** (1 Stunde ab der EOS-Hütte). Wir befinden uns nun wieder auf dem alten Weg, der über einen kleinen Sattel, leicht bergab, zu einer alten Zisterne im Schatten von großen Bäumen führt. Von hier aus gehen wir zunächst weglos in den Taleinschnitt hinein und steigen gut eine halbe Stunde lang über scharfkantiges Gestein, Felsplatten und durch dichtes Gestrüpp hinauf, bis sich bei 1500 m ein weiter **Kessel** vor uns auftut. Der Gratrücken, der den Kessel auf der rechten Seite begrenzt, führt hinauf zum Gipfelmassiv des Kástro – es besteht aus drei fast gleichhohen Kegeln, der linke ist der Gipfelpunkt. Wir steigen jetzt immer auf dem Rücken oder dem manchmal schmalen Grat nach oben und queren unterhalb des ersten erreichten Kegels nach links in einen erst jetzt sichtbaren **Kessel** hinein, wo bis weit in den Sommer Schnee liegt. Am mittleren Kegel vorbei, erklimmen wir über steiles Blockgeröll den vor uns steil hinaufziehenden Grat. Er führt auf das Gipfelplateau des **Kástro**. Der weglose Aufstieg hat 2½ Stunden in Anspruch genommen – nun genießen wir die Aussicht: Nord- und Südküste sind zu sehen, zahlreiche Dörfer, die Askífou-Ebene tief unten und die endlosen Felsformationen und Geröllkegel der Weißen Berge.

Der Abstiegsweg verläuft direkt in östlicher Richtung über den breiten Gratrücken hinab. Erst mäßig abwärts, dann ein kürzeres Steilstück, das in einem völlig ebenen **Gratstück** endet. Bevor es wieder sehr steil nach Osten zur zweiten Ebene abbricht, queren wir rechts hinab in die unter uns liegende flache **Senke**. Wir verfolgen den Taleinschnitt auf die große Ebene zu und steigen über Felsplatten im zeitweilig steileren Gelände durch ein Gewirr von Karsteinbrüchen und scharfkantigen Felsformationen hinab in das kleine Seitental und diesem folgend auf die **Ebene** hinaus. 2 Stunden mühsamer Abstieg liegen hinter uns und fast bequem geht es auf dem bereits bekannten Aufstiegsweg in weiteren 1½ bis 2 Stunden zurück nach Amoudári.

Auf der zweiten Hochebene endet der Weg; ab hier geht es weglos auf den Gipfel.

126

Das Ida-Massiv

Das im östlichen Teil des Kreises Réthimnon liegende Ida-Massiv ist von jahrtausendealten Mythen aus der kretischen Götterwelt beseelt. Hoch oben in einer Höhle (Ideon Andron) wurde der junge Zeus versteckt und wuchs im Schutz der lärmenden Kureten auf. In der Kamáres-Höhle an den Südhängen des Gebirges grub man wertvolle Keramiken aus, die einer ganzen Kunstepoche den Namen gaben. Wer je auf dem höchsten Gipfel dieser Berge gestanden hat, der kann das göttliche Gefühl empfinden, wenn sich das Blau des Himmels mit der Sonne vermischt und Land und Meer darunter verschwimmen. Der höchste Berg dieses Kalksteingebirges ist der Psilorítis mit 2456 m – damit ist er nur ganze drei Meter höher als der höchste Punkt der Weißen Berge. Den Gipfel markiert die Kapelle Tímios Stávros. Im Winter sind die höheren Lagen tief verschneit, jedoch bleibt der Schnee nicht so lange liegen wie in den Weißen Bergen. Trotzdem wird an die Errichtung eines Skizentrums gedacht. Landschaftlich nicht so wild wie die Weißen Berge im Westen, finden sich im Bergmassiv des Ida nahezu unzugängliche Schluchten, die zum Rückzugsgebiet vom Aussterben bedrohter Tierarten wie dem Lämmergeier geworden sind.

An den Nordhängen des Gebirges liegen zahlreiche Dörfer, die vom Wasserreichtum des quellenreichen Bergmassivs profitieren. Die hauptsächliche Lebensgrundlage der Bewohner ist aber die Schaf- und Ziegenhaltung zur Gewinnung von Milchprodukten, Fleisch und Wolle. Unter den vielen Dörfern hier hat sich das Töpferdorf Margarítes zu einem Anziehungspunkt entwickelt. Aber auch das Weberdorf Anógia ist zu einem Magneten für die Touristen geworden, nicht zuletzt deshalb, weil man von ihm auf einer 21 km langen Straße zu der auf 1370 m hoch gelegenen, fast kreisrunden Nídha-Ebene und der Ideon-Andron-Höhle hochfahren kann. Dort oben beginnt der kürzeste Anstieg auf den Psíloritis. Am nordöstlichen Bergfuß des Psilorítis, nur 23 km von Réthimnon entfernt, liegt das wegen seines heldenhaften Widerstandes gegen die Osmanen zur nationalen Gedenkstätte erhobene Kloster Arkádi. Im Westen verliert das Gebirgsmassiv jäh an Höhe und wird fast vollständig durch das Amáriabecken begrenzt. Von den Dörfern an den Südausläufern ist Zarós wegen seiner ergiebigen Quellen geschätzt. Hier betreibt man erfolgreich eine Forellenzucht, aber auch die in die Berge führende Schlucht lädt zu einer schönen Wanderung ein. Die südlichen Bergausläufer des Ida verlieren sich schließlich im größten landwirtschaftlichen Anbaugebiet der Insel, der fruchtbaren Messará-Ebene. Nach Osten markiert die Straße von Iráklion nach Agii Deka die Grenzlinie.

Steinbauten der Schäfer oberhalb der Nídha-Ebene.

Von der Nídha-Ebene auf den Tímios Stávros, den höchsten Gipfel Kretas

Nídha – Alp Kóllita – Psilorítis

Ausgangspunkt: Pavillon auf der Nídha-Ebene, 21 km von Anógia.
Gehzeiten: Nídha – Alp Kóllita 2¾ Std., Alp Kóllita – Nordwestanstieg 1½ Std., Gipfelquerung ¾ Std.; Gesamtgehzeit 8 Std. hin und zurück.
Höhenunterschied: 1000 m.
Anforderungen: Hochtour in weglosem Gelände, nur bei sicherem Wetter und entsprechender Ausrüstung. Ausreichend zu Trinken mitnehmen. Bei etwaigen Schneefeldern Trittsicherheit und Erfahrung erforderlich.
Einkehr und Unterkunft: Taverne am Ausgangspunkt, in Anógia Tavernen und Zimmer.
Variante: Abstiegsmöglichkeit vom Gipfel über die Berghütte des EOS nach

Kouroútes (Amari-Becken).
Busverbindung: Réthimnon – Anógia zweimal täglich. Iráklion – Anógia sechsmal täglich.

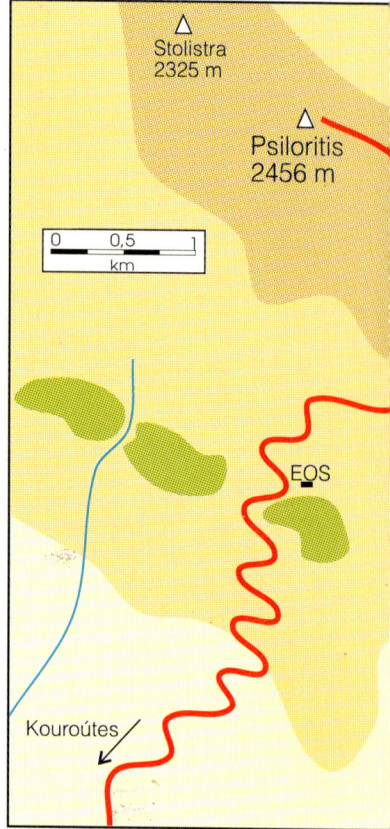

Bei der hier beschriebenen Wanderung handelt es sich um den kürzesten Anstieg auf den Gipfel des Psilorítis. Die Fahrstraße von Anógia führt uns bereits auf eine Höhe von fast 1500 Metern. Sie endet unterhalb der Idäischen Grotte (Ideon Andron), jener Höhle über der Nídha-Hochebene, in der das Zeuskind vor seinem rachsüchtigen Vater Kronos verborgen wurde und aufgewachsen ist. Die Ausgrabungen in der Höhle wurden 1884 durch den Archäologen E. Fabricius eingeleitet. Bei einer weiteren Grabung wurden 1955 wertvolle Keramiken und Bronzegegenstände zutage gefördert. Auf weiteres Glück hofft auch der griechische Archäologe Jannis Sakellarakis, der in den letzten Jahren den Höhlenboden systematisch durchsieben ließ. So blieb die Höhle in den letzten Jahren für die Öffentlichkeit leider verschlossen. Die Ausgrabungsgegenstände können aber im Archäologischen Museum in Iráklion besichtigt werden.

Wir beginnen die Wanderung an der neuerstellten **Taverne** am Ende der Fahrstraße. Zuerst steigen wir die Schotterstraße weiter aufwärts bis zur **Kapelle Análipsi** und verlassen diese in der nächsten langen Kurve, wo ein *verblaßt rot markierter* Pfad wegführt. Langsam ansteigend den Hang entlang nach Süden, dann rechts in einen Einschnitt Richtung Norden.

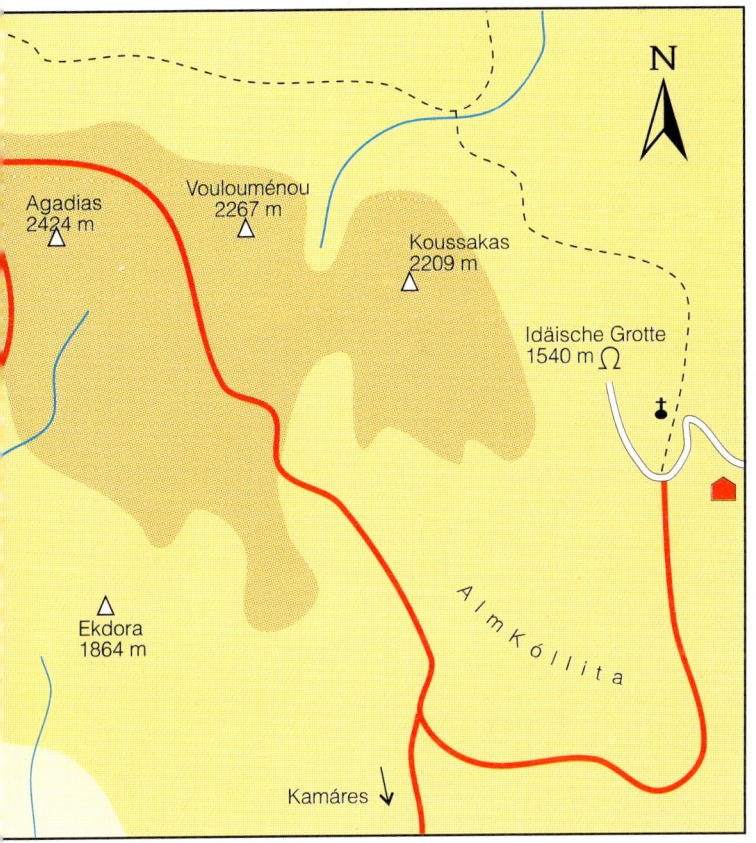

Verschiedene Markierungszeichen wechseln sich ab. Oben überblicken wir eine kleine Talsohle, die zur **Alp Kóllita** gehört, und steigen südwestlich zu dieser ab. Hier treffen wir nach 2¾ Stunden auf den von Kamáres kommenden Aufstiegsweg.

Von der Alp Kóllita zieht sich ein langer Einschnitt nach Nordwesten hoch. Nach etwa 4¼ Stunden umschreiten wir ein kraterähnliches Loch rechts, schwenken nach Nordwesten und halten uns dann etwas links auf einen westwärts ziehenden Sattel. Auf seiner nördlichen Flanke erreichen wir den höchsten Punkt des Ida-Gebirges, den die 2456 m hoch gelegene **Kapelle Tímios Stávros** markiert. Neben der Kapelle finden wir eine Schutzhütte und eine Zisterne mit Schmelzwasser. Der Fernblick ist atemberaubend: im Norden das Kretische Meer, im Süden die Gewächshäuser der Messará-Ebene und das Libysche Meer und im Westen die Weißen Berge. Im Grau der Felslandschaft nur schwer erkennbar, können wir südwestlich unter uns die Berghütte der Bergsteigervereinigung Réthimnon erkennen.

Der Rückweg vollzieht sich ungleich schneller: Nach drei Stunden sind wir zurück auf der Nídha-Ebene, und wer das Glück hat, auf Schneefeldern abfahren zu können, für den wird diese Vorgabe leicht zu unterbieten sein.

Rechts: Der nördliche Gipfelaufbau des Psilorítis.
Unten: Rast auf dem Weg zum Psilorítis-Gipfel.

45 Von Süden auf den Psilorítis, 2456 m

Unter Lämmergeiern – Psilorítis-Besteigung von Kamáres

Kamáres – Alp Kóllita – Tímios Stávros (Psilorítis)

Ausgangspunkt: Östliches Dorfende von Kamáres.
Gehzeiten: Kamáres – Mándra Kalamáfka 1¾ Std., Mándra Kalamáfka – Geierquelle 1½ Std., Geierquelle – Alp Kóllita 1 Std., Alp Kóllita – Tímios Stávros 2½ Std., Abstieg ca. 4½ Std.; Gesamtgehzeit ca. 11½ Std.
Höhenunterschied: 1800 m.
Anforderungen: Festes Schuhwerk und der Jahreszeit entsprechende Ausrüstung. Kondition und Orientierungssinn erforderlich, beim Queren von Schneefeldern im Frühjahr Trittsicherheit. Nur bei stabiler Wetterlage. Im Sommer sehr heiß.
Einkehr und Unterkunft: Hotels in Kamáres und in Zarós. Zelt vorteilhaft.
Varianten: Südwestliche Abstiegsvariante über die EOS-Hütte nach Kouroútes. Östliche Abstiegsvariante über die Alp Kóllita zur Nídha-Ebene. Als Tagestour bis zur Geierquelle und zurück.
Busverbindung: Iráklion – Míres – Kamáres.

Die Besteigung des Psilorítis-Gipfels auf der »Kamáresroute« ist vom Beginn bis zum Ende ein alpines Gesamtkunstwerk. Es ist nicht nur die ansehnliche Höhendifferenz von 1800 Metern, die eine entsprechende Kondition erfordert, zumal die Sonne von Anfang an gnadenlos auf den Gipfelaspiranten herunterbrennt. Aber auch von den landschaftlichen Eindrücken her gehört diese Wanderung zum Feinsten, was uns die Insel des Zeus zu bieten hat. Die immerwährenden Tiefblicke auf die Messará-Ebene und die Südküste sind atemberaubend. Und wer die auf der Insel schon fast ausgerotteten Lämmergeier in den Lüften sehen möchte, findet sie hier am häufigsten. Trotz allem sollte die Wanderung nur bei sicherem Wetter angetreten werden. Ein Verirren im Nebel und der Absturz in eine Schlucht könnte fatale Folgen haben. Ansonsten ist der Wegverlauf jedoch technisch unschwierig und ausreichend markiert.

Aussicht auf Messará-Ebene und Libysches Meer.

Wir beginnen die Wanderung – möglichst noch vor Sonnenaufgang – am östlichen Dorfende von **Kamáres**, wo eine Wasserrinne die Straße quert. In Kehren verläuft der Weg nach oben und trifft bald auf eine **betonierte Wasserleitung**, die in derselben Richtung aufwärts verläuft. Die unter uns liegende Landschaft erwacht im Farbenspiel des Sonnenaufgangs. Nach einer Stunde erreichen wir den Rand einer Schlucht und darauf eine zweite Schlucht. Immer noch steigen wir im Bereich der Wasserrinne nach oben, bis wir nach fast 1¾ Stunden zu einer Stelle mit sprudelndem Wasser kommen. Wir befinden uns jetzt auf dem Areal der **Mándra Kalamáfka**. Eine Mándra ist soviel wie ein Hirtenunterstand oder eine einfache Alpe. Achtung, hier verzweigen sich die Wege: *Deutliche Markierungszeichen!* Unser Weg führt weiter nach Norden auf den Psilorítis, der andere zur Kamáres-Höhle mehr östlich. Nach der Verzweigung steigen wir am östlichen Rand einer tiefen Schlucht steil nach oben; eine abenteuerliche Felskulisse umgibt uns nun. 1½ Stunden nach der Mándra Kalamáfka erreichen wir auf ca. 1650 m Höhe die sogenannte **Geierquelle** (Skarónero). Aufgrund der strengen Schutzgesetze hat sich der Bestand der Lämmergeier in dieser wilden, unzugänglichen Gegend in den letzten Jahren wieder erhöht. Eine Dreiviertelstunde nach der Geierquelle erreichen wir die Hirtenbauten der **Alp Kóllita**. Wir verfolgen weiter den Pfad in nördlicher Richtung, alsbald gesellt sich der von Osten aus der Nídha-Ebene kommende Aufstiegsweg hinzu. Bis zum **Psilorítis**-Gipfel folgen wir nun dem Wanderweg von Tour 44. Wer nicht denselben Abstiegsweg nehmen will, kann auch nach Kouroútes ins Amáribecken absteigen. Südlich unterhalb des Gipfels liegt gut sichtbar oberhalb der Waldgrenze die Berghütte des EOS Réthimnon (1498 m, verschlossen). Von dort sind es noch etwa 2½ Stunden Abstieg bis Kouroútes.

46 Von Kamáres zur Kamáres-Höhle, 1525 m

Götterthron zwischen Himmel und Meer

Kamáres – Mándra Kalamáfka – Kamáres-Höhle

Ausgangspunkt: Östliches Ortsende von Kamáres.
Gehzeiten: Kamáres – Mándra Kalamáfka 1¾ Std., Mándra Kalamáfka – Kamáres-Höhle 1¼ Std.; Gesamtgehzeit zur Kamáres-Höhle und zurück ca. 5 Std.
Höhenunterschied: 925 m.
Anforderungen: Unschwierige und gut markierte Wanderwege.
Einkehr und Unterkunft: Einfaches Hotel in Kamáres. Bessere Hotels in Záros.
Variante: Von der Kamáres-Höhle führt ein markierter Weg weiter aufwärts zum Südende der Nídha-Ebene.
Busverbindung: Iráklion – Míres – Kamáres.

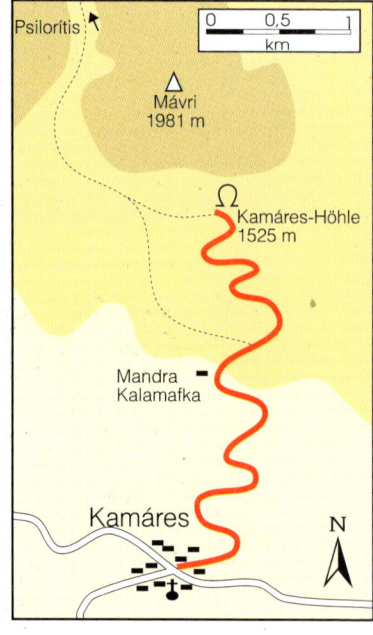

Für diejenigen Wanderer, die den enormen Aufstieg auf den Gipfel des Psilorítis scheuen und trotzdem die schöne Aussicht auf die Messará-Ebene und die Südküste Kretas genießen möchten, ist die Kamáres-Höhle eine lohnende Alternative. So dachten schon die alten Minoer, welche die Höhle als Kultplatz zwischen Himmel und Erde entdeckten. An diesem wahrhaft göttlich gelegenen Ort wurde den Göttern mit der Ernte der Bauern aus der Messará-Ebene gehuldigt. In den in der Höhle gefundenen Keramiken fanden sich Reste von Samen, Getreide und Feldfrüchten. Die kunstvollen Keramikgegenstände (1900 – 1700 v.Chr.) gaben einer ganzen Epoche ihren Namen (Kamáres-Stil) und sind im Archäologischen Museum in Iráklion ausgestellt.

Die Wanderung beginnt am östlichen Dorfende von **Kamáres**, wo eine Wasserrinne die Straße quert. Der Weg verläuft in Kehren aufwärts und trifft bald auf eine **betonierte Wasserrinne**, die in derselben Richtung wie unser Weg verläuft. Die Route ist mit *roten Markierungspunkten* gekennzeichnet. Immer wieder fällt beim Atemholen der Blick zurück auf die verschachtelten Häuser von Kamáres und die in mildes Licht getauchte Landschaft. Doch bald schon tritt die Sonne mit uns ins Gericht. Nach einer Stunde erreichen wir den Rand einer Schlucht und darauf eine zweite Schlucht. Immer noch steigen wir in der Richtung der Wasserrinne nach oben, bis wir nach fast 1¾ Stunden zu einer Stelle mit sprudelndem Wasser kommen. Wir sind im Bereich der **Mándra Kalamáfka** (Mándra = Hirtenunterstand oder einfache Alp) Achtung! Hier verzweigen sich die Wege, doch helfen uns deutliche Markierungszeichen weiter. Eine *große Aufschrift* weist uns den Weiterweg zur Kamáres-Höhle.

Wir biegen hier nach Osten ab und wandern ungefähr 20 Minuten entlang einem Wasserrohr, das zu einem steinernen Wasserreservoir führt, welches Rebhuhnwasser (**Perdhikónero**) genannt wird. Nach einem steilen Anstieg können wir im Felsengewirr schon bald den dunklen Eingang der **Kamáres-Höhle** ausmachen. Nach drei Stunden stehen wir in der 42 Meter breiten und 19 Meter hohen Öffnung der Höhle, und im Blick auf den Horizont und das Meer empfinden wir das Göttliche, das diesem Ort ewig war.

Blick aus dem Dunkel der Kamáres-Höhle.

47 In die Roúwas-Schlucht

Vorbei an Forellenbecken und Picknickplätzen in die Roúwas-Schlucht

Zarós – Agios-Nikólaos-Kloster – Roúwas-Schlucht – Agios Ioánnis

Ausgangspunkt: Zarós, Fahrstraße zum Idi-Hotel.
Gehzeiten: Aufstieg 2 Std., Abstieg 1½ Std.; Gesamtgehzeit 3½ Std.
Höhenunterschied: 600 m.
Anforderungen: Leichte und eindrucksvolle Schluchtwanderung auf gut ausgebautem Weg.

Einkehr und Unterkunft: Tavernen in Zarós, Forellenspezialitäten: Aquarium (beim Idi-Hotel) und Votomos (100 m weiter), Übernachtung: Idi-Hotel, 700 m von Zarós.
Busverbindung: Iráklion – Míres – Zarós.

Wenn die alten Kreter von Zarós sprachen, so wußten sie von den reich sprudelnden Quellen zu berichten, die hier aus den Bergen treten. Vielleicht wußten sie auch von der »Votomos« genannten Schlucht (= Roúwas-Schlucht) und dem von Schilf eingewachsenen Teich unweit des lieblichen Nikólaos-Klosters. Wenn die Kreter heute von Zarós sprechen, so fällt ihnen gleich »Pestrofa« ein, was auf Deutsch nichts anderes als Forelle heißt. Obwohl es diesen Fisch vorher auf Kreta nie gegeben hat, ist der Versuch, ihn in den sauerstoffreichen Wasserbecken zu züchten, erfolgreich gelungen. Man unternimmt an Wochenenden und Feiertagen gerne einen Ausflug hierher und kostet in einer der Fischtavernen den unbekannten Süßwasserfisch. Der vormals schilfverwachsene Weiher ist heute kaum wiederzuerken-

Ein gut ausgebauter Weg führt durch die Roúwas-Schlucht.

nen, so ausflugsgerecht wurde er umgestylt. Der Weg hinauf in die Schlucht wurde durch Stufen erleichtert und ist mit Holzgeländern gesichert. Bänke und Tische laden an schattigen Plätzen zum Picknick ein. Die landschaftliche Schönheit der Roúwas-Schlucht lockt selbst Wandergruppen aus Réthimnon zu einem Tagesausflug hierher.

Den Ausgangspunkt unserer Wanderung erreichen wir, indem wir von **Zarós** die Fahrstraße zum **Idi-Hotel** nehmen (700 m). Von dort gelangen wir auf der gleichen Straße nach nochmals 600 m bis zu dem bereits erwähnten **Teich** mit Picknickplätzen. Dort klären uns *Wegweiser* über die Wanderziele und die Entfernung dorthin auf. (Zum Agios Nikólaos-Kloster sind es 0,9 km, die Schlucht durchmißt 2,5 km und zum Agios-Ioánnis-Kirchlein am Beginn der Hochebene sind es 5,2 km.)

Das **Agios-Nikólaos-Kloster** erreichen wir bereits nach einer Viertelstunde. Beim Kloster wechseln wir auf die andere Bachseite. Nach einer halben Stunde sind wir wieder auf der ursprünglichen Seite und finden einen Brunnen am Weg. Fünf Minuten später, wieder im Bachbett, heißt es aufpassen: nicht im Bachbett aufwärts, sondern in einer Haarnadelkurve die andere Seite hinauf. Wir wechseln noch einige Male die Uferseiten, doch ist der Weg nicht zu verfehlen. Über den Wipfeln der Platanen erheben sich die Felswände, in die sich die Wurzeln von Kiefern und Zypressen krallen. Im Frühjahr zwängt sich ein Bachlauf durch das glattgeschliffene Bachbett, herrliche Gumpen und Kaskaden laden zu einem Bad ein. Nach 1¾ Stunden kommt ein angenehmer Platz zum Rasten, mit Tischen und Bänken. Von hier stehen uns noch 1,4 km bis zum Ende der Wanderung bevor. Es geht immer am Bach entlang. Nach 2 Stunden erreichen wir den Rand einer Hochebene und finden die kleine **Agios-Ioánnis-Kapelle**. Mächtige alte Platanen und Eichen, ein idyllischer Bachlauf und grüne Wiesen rundum vervollkommnen die Idylle. Ein *Schild* weist zu einer 150 Meter entfernten Höhle, vor der eine Gedenktafel angebracht ist.

48 Durch die Roúwas-Schlucht auf den Gíristi

Schluchtwanderung und Bergbesteigung im Idagebirge

Zarós – Roúwas-Schlucht – Gíristi, 1779 m

Ausgangspunkt: Zarós, 350 m, großes, mittlerweile sehr touristisches Dorf südlich des Ida-Massivs.
Gehzeiten: Zarós – Roúwas-Schlucht – Agios Joánnis 2 Std., A. Joánnis – Sattel 1¼ Std., Sattel – Gipfel 1¼ Std., Rückweg 3½ Std.; Gesamtzeit 8½ Std.
Höhenunterschied: Aufstieg 1400 m, Abstieg 1400 m.
Anforderungen: Lange Bergwanderung mittlerer Schwierigkeit, längere Strecken müssen sowohl im Auf- als auch im Abstieg weglos im steilen Gelände zurückgelegt werden, gutes Schuhwerk notwendig.
Einkehr und Unterkunft: Idi-Hotel; Zimmerangebot in Zarós, wegen des Bustourismus mehrere Tavernen am Ausgangspunkt.
Busverbindung: Über Agia Varvára und über Míres nach Zarós.
Tip: Gortis bei Agia Déka, Klöster Vrondissi und Valsamónero bei Zarós.

Diese lange, aber landschaftlich herausragende Wanderung zeigt die besonders gegensätzlichen Seiten der Insel. Von Zarós aus geht es zuerst auf der Zufahrtsstraße zum Idi-Hotel und noch ein Stück weiter zum neu angelegten See, wo die eigentliche Wanderung beginnt (siehe Wanderung 47).
Direkt oberhalb der **Kapelle Agios Ioánnis**, 950 m, führt ein Fahrweg aufwärts Richtung Osten. Das Tal und die Berghänge ringsherum sind dicht mit Eichenwäldern bedeckt. Eine halbe Stunde gehen wir nur leicht bergauf, meist im Talgrund neben einem kleinen Bachlauf. Anschließend führt die Straße in einem weiten Rechtsbogen auf die andere Hangseite hinauf, dieses Stück können wir durch Wegspuren, die etwas rechts vom **Talgrund** durch den Wald geradeaus hinaufleiten, abkürzen und treffen weiter oben wieder auf die Straße. In engen Serpentinen überwindet die Straße das jetzt sehr steile Gelände und führt auf eine fast ebene Geländeterrasse hinaus; zerklüftete Felsen, Geröll und stachelige, kleine Eichen prägen die Landschaft. Nach fast 1½ Stunden stehen wir an einer Straßenverzweigung auf einem flachen **Sattel** in 1400 m Höhe. Geradeaus führt die Schotterstraße über den weiten kahlen Hang hinab nach Prínias, rechts noch ein kurzes Stück auf einen höher gelegenen Sattel hinauf und links, das Massiv des Gíristi querend, in ein großes Hochtal hinein, wo sich ein weitläufiges Almgelände befindet.
Wir folgen dieser Straße nach links und kommen nach 200 Metern an einer großen neu gebauten Zisterne vorbei. Im Westen taucht das breite Massiv des Psilorítis mit ausgedehnten Schneefeldern im Gipfelbereich auf. Etwa 300 Meter nach der Zisterne zieht nach rechts oben ein Seitental hinauf. In ihm steigen wir, anfangs steil und etwas mühsam, weglos nach oben, können allerdings die vielen Ziegenpfade als Steig benutzen. Weiter oben, auf 1500 m, tauchen flache Talmulden auf, die wir nach rechts oben umgehen, und erreichen dann, Richtung Nordost gehend, einen flachen Höhenrücken.

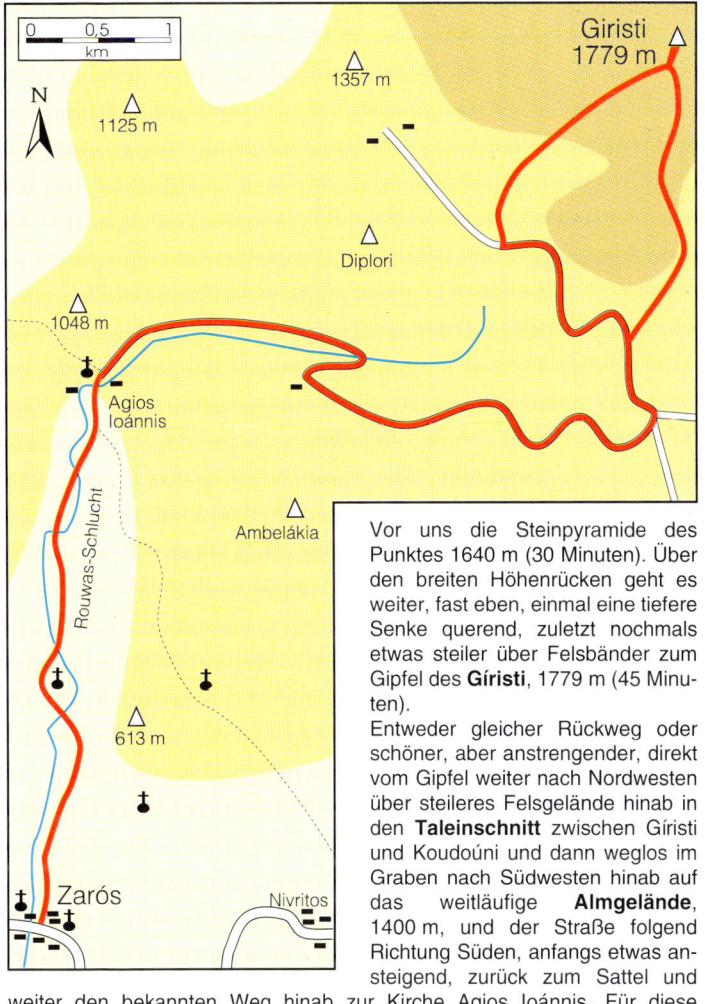

Vor uns die Steinpyramide des Punktes 1640 m (30 Minuten). Über den breiten Höhenrücken geht es weiter, fast eben, einmal eine tiefere Senke querend, zuletzt nochmals etwas steiler über Felsbänder zum Gipfel des **Gíristi**, 1779 m (45 Minuten).

Entweder gleicher Rückweg oder schöner, aber anstrengender, direkt vom Gipfel weiter nach Nordwesten über steileres Felsgelände hinab in den **Taleinschnitt** zwischen Gíristi und Koudoúni und dann weglos im Graben nach Südwesten hinab auf das weitläufige **Almgelände**, 1400 m, und der Straße folgend Richtung Süden, anfangs etwas ansteigend, zurück zum Sattel und weiter den bekannten Weg hinab zur Kirche Agios Ioánnis. Für diese Abstiegsvariante muß eine Stunde zusätzlich eingeplant werden. Es besteht natürlich auch die Möglichkeit, wie bei Tour 49 nach Ano Asítes abzusteigen.

141

49 Auf den Gíristi, 1779 m

Ausblicke auf Weinfelder und Dörfer

Ano Asítes – Prínos-Hütte – Gíristi

Ausgangspunkt: Ano Asítes, 450 m, kleines Dorf 4 km von Agia Varvára.
Gehzeiten: Ano Asítes – Prínos-Hütte 2 Std., Prínos-Hütte – Gíristi 2 Std., Rückweg 2½ Std.; Gesamtgehzeit 6½ – 7 Std.
Höhenunterschied: Aufstieg 1350 m, Abstieg 1350 m.
Anforderungen: Leichte Bergwanderung, teilweise wegloses Gelände, im Gipfelanstieg leichte Kletterei, im Sommer sehr heiß, als östlichster Gipfel des Ida-Massivs hervorragender Aussichtsberg.
Einkehr und Unterkunft: Zimmerangebot in Agia Varvára, Ano Asítes und Agios Míronas, Tavernen in allen Dörfern entlang der Straße.
Busverbindung: Iráklion – Ano Asítes mehrmals täglich.
Tip: Patéla bei Priniás, Ausgrabungen aus der dorischen Zeit.

Von Iráklion aus gelangen wir entlang den östlichen Ausläufern des Ida-Massivs zum 25 km entfernten Dorf **Ano Asítes**. Nach den letzten Häusern zweigt rechts eine anfangs betonierte Straße ab, an der unsere Wanderung beginnt. Ein verwittertes Holzschild mit der Aufschrift *»Prínos-Hütte EOS 1110 m«* zeigt uns den richtigen Weg (Hüttenschlüssel im EOS-Büro der Sektion Iráklion). An einigen Stallungen vorbei (*gelb markiert*), bei Abzwei-

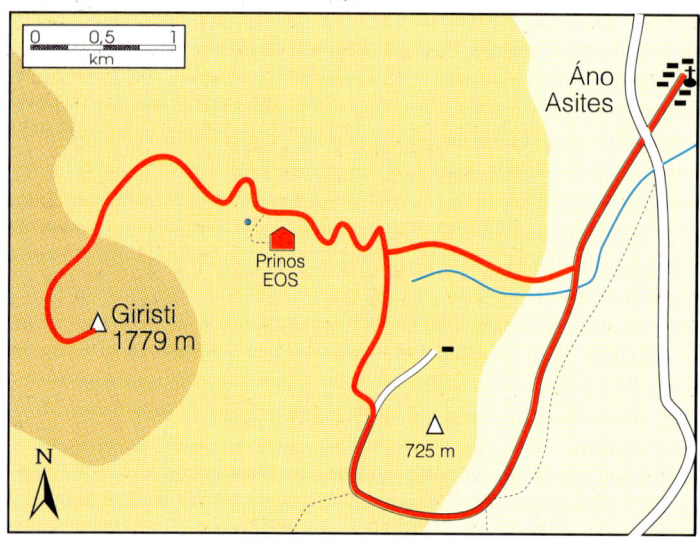

Der felsige Gipfelaufbau des Gíristi.

gungen jeweils links, zieht die schmale Straße anfangs noch schattig unter Olivenbäumen leicht nach oben, einen Taleinschnitt entlang. Nach etwa 30 Minuten in einer engen Kurve eine Bachüberquerung. Nach dem Zaun, der die Straße versperrt, zeigt eine rote Markierung den Bachlauf entlang nach oben (Abkürzungsmöglichkeit, schmaler Steig, schlecht zu finden). Wir bleiben allerdings auf dem Wirtschaftsweg, der in einem weiten Bogen über jetzt kaum bewachsene freie Flächen auf einen steilen Felsenrücken zuführt. An der nächsten Straßenverzweigung gehen wir links (die Straße nach rechts endet an der sichtbaren Almhütte), bis sie an einem einzelstehenden Baum endet. Wieder ein Weidezaun, von rechts unten kommt der rot markierte Steig hinzu. Weiter geht es durch ein Felsengewirr in Serpentinen nach oben (*gelbe Markierung*); der schmale Pfad führt in einen Geländeeinschnitt hinein und erreicht eine oberhalb liegende, flache Terrasse. Dichter Bewuchs weist auf eine ertragreiche Quelle hin. In 200 Metern Entfernung, weiter links, steht aussichtsreich auf einem kleinen Plateau die **Prínos-Hütte**. Nach kurzer Pause zurück zum Pfad und im schmalen Tal nach oben. Nach etwa einer halben Stunde (nach Westen) über eine flache Senke, vorbei an stacheligen Büschen weiter Richtung Westen, dem Talverlauf folgend auf den etwas links oberhalb liegenden Felsgipfel zu. Wir orientieren uns an einer nach oben ziehenden Felsenrippe und gelangen nach etwa 30 Minuten weiter links in eine kleine Senke. Anschließend etwas steiler über Felsen hinauf. Vor uns befindet sich jetzt wieder eine flache, längliche Senke, direkt nach Westen ausgerichtet, etwas links davon im Südwesten deutlich die Gipfelpyramide des Gíristi. Den Fuß der steilen Felspyramide erreichen wir bequem in 15 Minuten und suchen uns an der Nordseite eine Aufstiegsmöglichkeit zum flachen Gipfelplateau des **Gíristi** (20 Minuten). Entweder gleicher Rückweg oder wie Tour 48 durch die Roúwas-Schlucht hinab nach Zarós (3½ Stunden).

Die Insel Gávdos

Der traumhaft schöne Potamós-Beach auf der Insel Gávdos.

Gávdos, das ist nichts für den Normaltouristen. Man muß schon ein bißchen verrückt sein, diese wasserlose, karge Insel zu besuchen, die 34 Seemeilen (55 km) vor der Südküste Kretas liegt. Nur zweimal in der Woche verkehren in den Wintermonaten Schiffe, die bis zu 12 Passagiere mitnehmen können und auch das nur, wenn der Wind die Stärke 5 nicht übersteigt. Sonst sitzt man auf der Insel mit ihren nur 45 verstreut lebenden Bewohnern, die vor allem Schafzucht betreiben, fest. Im Sommer sind größere Schiffe im Einsatz, die bis zu 150 Passagiere mitnehmen können und viermal wöchentlich verkehren. Knapp vier Stunden dauert die Fahrt von Paleohóra oder Hóra Sfakíon hinüber zum Landungshafen Karáve, von dem eine Straße zum Hauptort Kastrí hinaufführt (1½ Stunden zu Fuß oder Beförderung mit Traktoren). Die zwei anderen noch bewohnten Dörfer sind Ambelos im Nordwesten und Vatsianá im Süden. Dagegen hat das Inselchen 39 Kapellen – für jeden Einwohner fast eine. Zur Zeit der Byzantiner, als auf der Insel mehrere tausend Menschen lebten, befand sich hier sogar eine Diözese, zu der auch Dörfer der Sfakiá gehörten.

Geschichtlich liegen einige Rätsel über der Insel. Man nimmt an, daß sie die von Homer in der Odyssee genannte Insel Ogygia ist, auf welcher die verführerische Nymphe Kalypso den aus Ithaka stammenden Seefahrer sieben Jahre gefangenhielt. Die Einwohner von Gávdos verweisen stolz auf eine Höhle an der Nordostspitze der Insel, die der Palast der Nymphe gewesen sein soll. Die Römer nannten die Insel Kauda – das ist auch der Name jener Insel, wo in der Apostelgeschichte (27, 16) der heilige Paulus wegen eines Sturmes vorbeigetrieben wurde.

Wasser gibt es auf der 27 Quadratkilometer großen Insel nur aus Zisternen oder es wird vom »Festland Kreta« herübergebracht. Der neue »Luxus« der Insel zeigt sich in einer Pilotanlage zur Erzeugung von Solarenergie, sowie in zehn Telefonanschlüssen. Das Angebot in dem kleinen Laden auf Gávdos ist karg, doch es genügt den Ansprüchen seiner Bewohner. Daß Gávdos für viele trotzdem so unwiderstehlich anziehend wirkt, liegt an der Schönheit der Natur, den einsamen Sandstränden, den windverdrehten Aleppokiefern und Wacholdersträuchern. Wer sich entschließt, von Kreta den Sprung auf den südlichsten Teil Europas zu wagen, den erwartet ein Erlebnis besonderer Art.

50 Runde durch den Norden von Gávdos

Traumhaft schöne Strände auf der südlichsten Insel Europas

Karáve – Sarakinikó-Beach – Laurakas-Beach – Pírgos-Beach – Potamós-Bucht – Ambelos – Kastrí – Karáve

Ausgangspunkt: Karáve. .
Gehzeiten: Karáve – Sarakinikó-Beach ½ Std., Sarakinikó-Beach – Laurakas-Beach 1 Std., Laurakas-Beach – Pírgos-Beach 1 Std., Pírgos-Beach – Potamós-Bucht 1 Std., Potamós-Bucht – Ambelos – Kastrí 1 Std., Kastrí – Karáve 1 Std.; Gesamtgehzeit 5½ Std.
Höhenunterschied: 150 m.
Anforderungen: Unschwierige, aber Ausdauer erfordernde Wanderung. Zwischen Potámos und Ambelos Orientierungssinn nötig. Ausreichend zu Trinken mitnehmen.

Einkehr und Unterkunft: Zwei Tavernen mit einfachen Zimmern in Karáve. Tavernen am Sarakinikó-Beach in der Saison. Kafeníon in Kastrí.
Varianten: Wanderung von Karáve nach Kourfos oder Trípiti im Süden der Insel.
Schiffsververbindung: Im Sommer: Paleohóra – Gávdos (4 Std.; Montag, Mittwoch, Donnerstag, Freitag; ca. 15 DM); sonst mit kleinen Versorgungsschiffen (bis 12 Passagiere) montags und donnerstags. Hóra Sfakíon – Gávdos (2½ Std.): Samstag und Sonntag.

Die erste Etappe unserer Küstenwanderung führt uns zum Sarakinikó-Beach. Am Hafen **Karáve** gehen wir bei der linken Taverne die Treppen hoch und treffen auf eine Straßenkehre; links davor den Schotterweg aufwärts und wieder auf die Schotterstraße weiter, vorbei an »Rooms Kalypso«. Nach 7 Minuten kommen wir zur Abzweigung »*Kourfos-Beach*«, wir wandern geradeaus weiter Richtung Sarakinikó-Beach. Bei der nächsten Gabelung geht es links weiter nach Kastrí und rechts zum Sarakinikó-Beach. 10 Minuten später eine neue Gabelung: geradeaus »*Agios Giannis*«, wir gehen rechts zum Sarakinikó-Beach. Die karge Landschaft ist mit Kiefern und Wacholder bewachsen. Noch bevor wir nach einer knappen halben Stunde den **Sarakinikó-Beach** erreichen, fallen uns die schrecklichen Betonhütten auf. Es sind die Umbauungen der Dieselgeneratoren, die in angemessener Entfernung den zehn einfachen Strandtavernen den Strom liefern. Einige der Hütten versorgen sich bereits mit Solarstrom. Feiner Sand bedeckt den traumhaft schönen Strand, an dem sich in der heißen Jahreszeit ein unkompliziertes Beach-Life abspielt. Die etwas oberhalb liegenden Wacholderbäume bieten mit ihren Baumdachhöhlen Strandschläfern aus aller Herren Länder ein Dach unter dem Sternenhimmel.

Den Weiterweg zum Potamós-Beach beginnen wir auf der westlichen, linken Seite des Sarakinikó-Beach. Hier gehen wir den *Caterpillar-Weg* hoch bis zu einem Natursteinhaus mit grünen Türen. Dahinter den Fahrweg rechts (durch Drahtzaun) entlang der Küstenlinie. Nach einer halben Stunde gabelt sich der Weg, hier rechts. Der Weg endet an einem Trockenflußbett. An der Küste weglos weiter auf relativ gut begehbaren Klippen. Nach einer Stunde kommen wir auf der Höhe der Agios-Geórgios-Kapelle, die oberhalb liegt, an den **Laurakas** genannten Strand. Am Ende des Strandes beginnt oberhalb ein Klippenweg (Trittsicherheit erforderlich). Nach 15 Minuten wieder am Strand entlang. Unter den großen Wacholderbäumen entdecken wir immer wieder die Überbleibsel sommerlicher Robinsonaden. Wäre nicht das Meer in unmittelbarer Nähe, schiene es, als ginge es jetzt durch Wüstenlandschaft. Rote Dünungen, vom scharfen Wind geschaffene skurrile Sandsteinzeichnungen, durchlöcherte Gesteinsformen und daneben all der Zivilisationsmüll an Kunststoffbehältern, den das Meer an rauhen Tagen ans Land wirft, einschließlich des Teers, von dem auch diese Küsten nicht verschont bleiben. Besonders jetzt, wo wir ums nördliche Kap kommen, scheinen die Felsplatten wie asphaltiert. Nach den Überresten eines Steinhauses zieht sich ein ca. zwei Meter breiter, alter, von der Erosion in Mitleidenschaft gezogener Weg aufwärts, und über die Klippe haben wir einen schönen Blick auf die Sandbucht von **Pírgos**. Der Weg führt landeinwärts nach Kastrí; in der Ferne links oberhalb zeichnet sich die Agios-Geórgios-Kapelle gegen den blauen Himmel ab. Wir verfolgen nicht weiter den Weg, sondern umgehen den Pírgos-Beach (Zwischenzeit: 3 Stunden) auf den Klippen oberhalb und können nach 20 Minuten auf eine tief ins Land reichende, rotsandige Bucht, vor dem Hintergrund einer fahlen, von Erosionsrinnen zerfurchten Landschaft, blicken: den **Potamós-Beach**.

Die Bucht wird weglos über den höchsten Punkt hinweg umgangen. Oben liegen zerfallene Steinhäuser mit ehemaligen Terrassierungen darunter. Wir stehen am Rand eines Cañons – in die gegenüberliegende Felswand sind Ornamente gezeichnet, als wären es Zeichen einer geheimnisvollen Schrift (Zwischenzeit: 4 Stunden). Ein Weg verläuft von den Ruinen in Richtung Süden (im Rücken die Ruinen und Agios Geórgios), durch ein Gatter und links einen Zaun entlang, bis sich ein Weg in einer wüstenartigen Landschaft abzeichnet, der zu einem in der Ferne am Hang liegenden Haus mit Solarmodulen (rechts) führt. Aufgrund von neuen Einzäunungen müssen Sie unter Umständen einen Weg in eigener Regie finden. Verwunderlich sind die vielen verwitterten Terrassen in der Landschaft – sollten hier doch einmal 7000 Menschen gewohnt haben?

Vor dem Haus, das zum Weiler **Ambelos** gehört, führt eine Schotterstraße weg nach Osten. Nach 5 Minuten gehen wir durch ein Gatter. Weitere 5 Minuten nach dem Gatter kreuzt ein deutlicher Pfad die Straße: auf diesem rechts einwärts. Zwischen Kiefern folgen wir dem rechts neben der Straße verlaufenden Pfad, auf die wir dann wieder treffen. Nach 5 Stunden, vor dem ersten Haus von **Kastrí**, mit einer auffallenden Antenne, bei einer Gabelung links und bei der nächsten Gabelung wieder links. Der Fahrweg führt dann zwischen zwei Kapellen hindurch (rechts: Panagía; links: Christós); darunter ein hoher Kiefernwald, auch das gibt's auf Gávdos. Weiter auf dem Fahrweg, erreichen wir mit müden Beinen nach einer wirklich langen Wanderung wieder unseren Ausgangspunkt Karáve.

Kein Wunder, es ist GORE-TEX®.

Beim Klettern, Bergsteigen und Wandern jeden Augenblick genießen! Sich auch bei Wind und Wetter immer warm und trocken, fit und leistungsfähig fühlen. Kleidung mit GORE-TEX®-Funktion sorgt für perfekten Wetterschutz und bestmöglichen Klima-Komfort. Dafür steht die GORE-TEX® Jahresgarantie.

Stichwortverzeichnis

Die Zahlen hinter den Begriffen geben die Seitenzahlen an.